初中思想政治教学艺术探索

赵佃华　著

中国海洋大学出版社

CHINA OCEAN UNIVERSITY PRESS

·青岛·

图书在版编目(CIP)数据

初中思想政治教学艺术探索 / 赵佃华著. —— 青岛：
中国海洋大学出版社, 2023.3

ISBN 978-7-5670-3453-2

Ⅰ.①初… Ⅱ.①赵… Ⅲ.①政治课–教学研究–初
中 Ⅳ.①G633.202

中国版本图书馆 CIP 数据核字（2023）第 041051 号

初中思想政治教学艺术探索

CHUZHONG SIXIANG ZHENGZHI JIAOXUE YISHU TANSUO

出版发行	中国海洋大学出版社			
社　　址	青岛市香港东路 23 号		**邮政编码**	266071
出 版 人	刘文菁			
网　　址	http://pub.ouc.edu.cn			
电子信箱	2627654282@qq.com			
责任编辑	赵孟欣		**电　　话**	0532-85901092
印　　制	青岛国彩印刷股份有限公司			
版　　次	2023 年 3 月第 1 版			
印　　次	2023 年 3 月第 1 次印刷			
成品尺寸	170 mm × 240 mm			
印　　张	7.25			
字　　数	118 千			
印　　数	1~1000			
定　　价	39.00 元			
订购电话	0532-82032573 （传真）			

发现印装质量问题，请致电 0532-58700166，由印刷厂负责调换。

序　言

人师难得

　　思想政治课（简称"思政课"）是落实立德树人根本任务的关键课程。办好思政课，是习近平总书记非常关心的一件事。习总书记关于办好思政课做了一系列重要论述。

　　习总书记说："思政课是落实立德树人根本任务的关键课程。""办好思政课，最根本的是要全面贯彻党的教育方针，解决好培养什么人、怎样培养人、为谁培养人这个根本问题。""要坚持社会主义办学方向，把立德树人作为教育的根本任务"，"要用好课堂教学这个主渠道"，"要把课堂教学和实践教学有机结合起来，充分运用丰富的历史文化资源，紧密联系中国共产党和中国人民的奋斗历程，深刻领悟马克思主义中国化的内在道理，深刻领悟为什么历史和人民选择了中国共产党和社会主义，进一步坚定'四个自信'"。

　　如今，思想政治课的重要性已被越来越清楚地认识到，在基础教育战线上有成千上万的教师在默默无闻地落实党和国家的教育方针，发挥思想政治课的育人功能，引导学生扣好人生第一粒扣子。赵佃华老师就是这个队伍中的一员。

　　1993年赵老师从昌潍师范专科学校毕业后，就一直在青州市郑母初级中学任教，在思想政治教育战线上深耕三十年，历任思想政治课教师、班主任、教务主任和业务校长等职务，先后获得青州市优质课奖、青州市教学能手、潍坊市优质课奖、潍坊市教学能手、青州市优秀教师等荣誉称号。为了更好地让思政教育下潜，赵老师将自己的研究范围拓展到家庭教育，成为青州市家庭教育讲师团核心成员，将思政教育和家庭教育相结合。

　　赵老师治学严谨，工作中一丝不苟，全心全意承载着传播知识、传播思想、传播真理，塑造灵魂、塑造生命、塑造新人的为师者的责任。"经师易求，人师难得。"教育教学中，他看重给学生心灵埋下真善美的种子，引导学生扣好人生第一粒扣子。凡是他教过的学生，都懂感恩、知礼仪、明荣辱，都是"根红苗正"的爱党爱国、具有正确的三观、积极进取的好孩子。他公正公平对待每一个学生，不放弃每一个学生，耐心细致地对待特殊学生，曾用三年的时间让一个不会写自己名字的、有智力缺陷的孩子学会了画画，而且水平还超过了一般孩子。

赵老师精研业务，勤学善思，不断致力于教育教学改革。一方面，他不断拓展业务知识，广泛涉猎马列著作，提高自己的理论修养和业务水平；另一方面，他密切关注教研教改动向，把先进的教育教学理论和方法落实到课堂上。他在思政课上采用案例式教学、探究式教学、体验式教学、互动式教学、专题式教学、分众式教学等教学法，运用现代信息技术等手段建设智慧课堂，取得了积极成效。他以生为本，尊重学生，让学生在激励和欣赏中主动发展，张扬个性。他运用教育智慧培养而不是去管理学生，让学生真正做到了亲其师、信其道。

赵老师潜心教育，爱生如子，待家长如友朋。教育教学中他秉持大爱，宽严相济，是孩子最尊敬的师长，也是孩子最贴心的朋友。在教育的道路上，他视家长为最有力的同盟军，工作之余的大部分时间，不是在家访，就是在家访的路上，他和家长建立了兄弟姊妹般的感情，每届学生毕业，家长都自发地组织起来，带着自己的孩子向他鞠躬致谢。

赵老师在思想政治课教育教学方面有自己深刻的认识和独到的见解。他的这本《初中思想政治教学艺术探索》回顾了自己三十年的教育经历，从课堂教学、班级管理、家校共育和教学随笔四个方面，系统总结了自己的教育心得，遂编纂成篇，嘱我作序，不揣浅陋，腆颜为之。

李燕山

2022 年 12 月

目　录

第四篇　教学随笔篇

第一篇

课堂教学篇

网络环境下的思想政治课教学

随着计算机网络的普及，以计算机为核心的网络教学已成为当前实施素质教育、提高课堂教学效率的一种有效途径。在青州市郑母初级中学教师人人配备电脑的条件下，利用网络教学已蔚然成风，现结合教学实践谈谈网络教学在思想政治课教学中的应用。

一、利用网络实现教学资源共享

互联网上有大量媒体教学资源。青州市电教馆的教学资源中心、学校建设的课件资源库，为广大教师利用网上资源进行协同备课提供了便利的条件。教师可以选取网上的名师教案或课件进行资源整合，从而实现了互联网上教学资源的共享，提高了教学资源利用率和备课效率。例如，在讲解初三思想政治"以经济建设为中心"这一课时，笔者先从网上下载了这一主题的几个课件，针对教学的实际情况，进行了适当整合，优化了网上教学资源配置，真正实现了教学资源的共享。

二、利用网络教学拓宽学生视野

思想政治课因其现实性、开放性更适合利用网络资源进行教学。抽象、难懂、枯燥的理论因网络资源的介入变得具体、形象、生动，从而易于学生理解和接受，给传统的教学注入了新的生机和活力，增强了政治课教学的趣味性、实效性。例如：在讲授初三"改革开放"一课时，为了让学生深刻理解我国的改革开放政策，我搜集有关资料，并制作了1979年到1999年我国经济发展的动画及网页，不仅形象直观地反映了我国在改革开放中所取得的显著成就，而且丰富了教学内容，拓宽了学生视野。

三、利用网络教学提高学生创新能力

思想政治课的生命力就在于理论联系实际，而传统教学手段难以把大量鲜活的正在发生的案例呈现给学生，而网络教学则可利用互联网的优势解决这一问题。通过网络及时把一些热点现实材料呈现给学生，让学生分析、讨论，达到理论与现实的结合、课内与课外的统一，既提高了政治课的时效性，又培养了学生的创新能力。我在课前 5 分钟设计了新闻发布会小栏目，让学生选取自己感兴趣的重大新闻进行发布，并结合课本所学知识予以评论。当时震惊世界的"9.11"事件、中国"入世"等重大新闻都通过此方式及时传递给了学生。有时，我也会采用"头脑风暴法"的教学策略，引导学生围绕社会热点尽量拓宽自己的思维、发表自己的见解，从而有利于提高学生正确分析、评价、解决现实问题的能力。

当然，网络多媒体教学也不是"无所不能"的，它只是辅助教学的工具，因此，在运用网络教学时必须注意网络教学的适用性、科学性，更不能违背学生的身心特点和教学规律。要注意教学手段的多样性、渗透性。只有多种教学手段综合运用，才能真正提高课堂教学的质量与效率。

（本文曾获 2005 年青州市初中优秀教学论文交流评选一等奖，获山东省 2005 年中小学教育科研优秀成果三等奖）

初中政治课堂教学生活化

引导学生在生活化的课堂中有效地进行学习，培养并使学生形成良好的道德品质是我们政治课程的重要任务。

良好品德必须在学生的生活过程中形成，而非在生活之外。"教育回归生活"是新课程改革提出的基本理念，这就要求我们在政治课堂教学中充分关注学生的实际生活，并力求让学生带着现实生活中的问题，带着他们主动探索生活的兴趣，走进政治课堂。

传统初中政治课堂教学脱离学生生活实际，远离学生生活经验，这种教学实质上是道德的说教，是知识的灌输。政治课堂教学生活化是促进学生全面发展、让学生学会生活的需要。为此，我对初中政治课堂教学生活化进行了一些探索。

一、教学目标生活化

现行的思想品德课教材是根据《全日制义务教育思想品德课程标准》的要求，面向全体学生，针对共性问题而编写的。教师要确立生活化的教学目标，充分考虑现实生活带给学生的影响，深入学生生活，从学生生活实际出发，确定合理的目标体系，把课堂与生活联系起来，让学生乐意接受，容易做到。

比如，在教"防范侵害 保护自己"一课时，我通过调查，了解到有的学生自我保护意识淡薄，连一些基本的自救自护能力都不会，于是我把"掌握 5 种以上基本的自救自护能力"列为本课的能力目标之一；又考虑到孩子在家庭中的"特殊地位"，除了让他们掌握基本的自救自护能力外，又提出了"帮助家人增强自我保护意识，提高自我保护能力"的要求。因为确立的教学目标充分考虑了学生的生活实际，所以取得了较好的教学效果，目标达成度较高。

二、课堂教学生活化

新课改倡导思想品德课教学既要"源于生活"又要"高于生活"。这里的"生活"指的是学生的真实生活。因此，思品课堂要从学生的日常生活中选择有典型意义的事例进行加工，以富有浓厚生活气息的生活主题、范例或者"生活图景"的形式呈现在学生面前，让学生在真实的生活情境中积极思考，从而更好地理解教学内容，激发道德情感，提高道德认识。同时，采用学生乐于和适于接受的生动活泼的方式，开展丰富多彩的教学活动，帮助他们解决现实生活中的问题，寓教育于生活之中。

如在讲"面对发展变化的社会生活"时，我拿走了课桌，把椅子围成了半圆形，仿造中央电视台来个"实话实说"，为学生创设了一个他们熟悉的生活氛围，把课堂教学组织成了一次访谈节目。老师充当主持人，每小组选一名学生当嘉宾，其余学生当现场观众。课堂中，"嘉宾"和"观众"畅谈了社会生活各方面的变化，我们初中生该如何面对变化发展的社会生活以及初中生参与社会生活的意义、方式和注意问题。在这种生活化的课堂教学中，学生交流更真实，情感更真切。

三、课后探究生活化

思想品德课每一课课后都设置了探究活动，以往课堂教学中对此要么避而不谈，要么就是纸上谈兵，还有部分老师把它当书面作业来布置。探究活动的目的是为了鼓励学生参与社会生活，通过活动增加学生的情感体验，从而真正达到思政品德课的教育目的。课后探究是课堂教学生活化的延伸和拓展，是指导学生从课堂回归生活，用掌握的知识指导现实生活的中介和桥梁。因此，我们在课堂教学中要充分利用好课后探究这一栏目，鼓励学生积极参与社会实践，让课堂教学再次回归生活，使学生在生活中发现问题，利用掌握的知识指导自己解决问题。

如教学"依法保护人类共有的家园"一课后，我布置学生开展课外拓展活动：去调查你所生活的村庄或小区有哪些卫生死角？找找存在问题的原因，想想解决问题的方法并设计出实施方案。后来，组织学生进行课堂交流，从中我发现学生设计出了许多方案：有充分利用街道宣传栏进行环保宣传的，有一起合作写环保倡议书的，有给淀粉厂厂长写信信中诚恳指出危害的……参与社会生活，不仅使学生的认识得到了深化，而且还培养了学生发现问题、分析问题和解决问题的能力。

教育是生活的需要，其源于生活又以生活为归宿。以生活理念构建的思品教学大课堂不仅可以优化教学过程，而且着眼于学生的未来发展，以学会做事、学会做人、学会生活为宗旨，使得以创新精神和实践能力为核心的素质教育真正落到实处。

(本文曾发表在《学习方法报》2006年第16期总4057期第2版)

教学案例《艰苦奋斗》

一、教案背景

1. 面向学生：☑中学　□小学。

2. 学科：思想品德。

3. 课时：1。

4. 学生课前准备：

（1）预习课文。

（2）利用互联网百度搜索搜集我国劳动人民艰苦奋斗的寓言、故事或典型事例，准备课上与同学分享。

完成课后思考问题。

二、教学课题

通过学习，学生知道我国各族人民的共同理想，体会理想的实现必须经过艰苦奋斗，立志为将来报效祖国、奉献社会而努力学习。

1. 情感、态度、价值观：继承和发扬艰苦奋斗的优良传统，立志为全面建设小康社会和实现共同理想而努力奋斗。

2. 能力：培养学生吃苦耐劳、勤奋学习、克服困难的毅力。

3. 知识：知道理想的实现必须经过艰苦奋斗；懂得当代青年要实现个人理想、承担起历史使命，就要继承优良传统，发扬艰苦奋斗的精神。

三、教材分析

本课时所要集中解决的问题是引导学生认清当代青年的历史责任，自觉继承和发扬艰苦奋斗的优良传统。

教材有两部分内容：第一部分"理想的实现必须经过艰苦奋斗"，通过历史、现实两个角度分析，让学生懂得艰苦奋斗不仅是中华民族的传统美德，而且是在现代化建设的和平时期、全面建设小康社会的今天，社会主义初级阶段的国情、激烈的国际竞争及实现共同理想的长期性、艰巨性，决定了我们仍然需要发扬艰苦奋斗精神；第二部分"优良传统不能丢"，从当代青年肩负的历史责任出发，为学生提供正确的价值导向，即当代青年要承担社会责任，就必须从日常学习、工作和生活做起，培养吃苦耐劳、不畏艰险、不断进取、奋发向上的创业精神，自觉磨炼自己，把自己造就成能承担责任的人。

教学重点：理想的实现必须经过艰苦奋斗。

教学难点：优良传统不能丢。

教学之前在网上搜索《奋斗成就未来》的相关教学材料，找了很多教案和材料作参考，了解到教学的重点和难点，确定课堂教学形式和方法。然后根据课堂教学需要，将搜索到的关于艰苦奋斗的视频在课堂上放给学生观看，冲击学生的视觉，激起学生的心灵共鸣，达到教育效果。通过百度在网上搜索一些关于艰苦奋斗的文字资料和图片资料，做成PPT演示，给学生以直观感受，进一步强化教育效果。

四、教学方法

自主学习法、小组合作探究法。

1. 自主学习法——本课时主要是引导学生认清当代青年的历史责任，自觉继承和发扬艰苦奋斗的优良传统，所以课堂应以学生为本，让学生自读自悟、不断思考，实现自我教育。

2. 小组合作探究法——创设问题情境，组织学生小组讨论，合作答疑，集思广益，从不同角度发表看法和做法，达到自我教育和外在教育的统一。

五、教学过程

（一）自读感悟

多媒体课件展示故事，创设情境。

美国心理学家巴尔肯博士在一次与青年的座谈会上，让青年们用最简短的语言写出自己的经历。一位满脸沮丧的青年写下了如下的经历："——！．"即一个破折号，一个感叹号，一个句点。巴尔肯博士看后，立即明白了是怎么回事。他略加沉思，用同样的方式写出如下的回答："，……？"即一个顿号，一个省略号和一个问号。

当学生读完故事若有所思时，教师适时地提出问题：同学们，你们能猜出

青年的"——！."经历和巴尔肯博士的"，…？"回答蕴含的意思吗？引导学生进行思考，给学生以思考的时间。然后鼓励学生畅所欲言，交流自己的感受和体会。

在学生表达自己的见解之后，教师解开谜底，并导入新课。"——！."意思是说：我一直勇往直前（——），却只落得伤心自叹（！），最后只能是一事无成（.）沮丧的青年大概是在社会上闯荡了一番，结果处处碰壁，于是灰心丧气起来。而巴尔肯博士的回答则是：青年时期只是人生旅途上的第一站（，），只要一站一站地奋斗下去（…），难道不会有美好的明天吗（？）。的确，古往今来，任何事业都会经历困难、挫折甚至是失败，只有具备艰苦奋斗的精神，才能成就事业。正所谓"宝剑锋从磨砺出，梅花香自苦寒来"，艰苦奋斗是通往理想的必经之路，唯有奋斗方能成就未来。

教师多媒体投放"奋斗成就未来"——理想的实现必须经过艰苦奋斗。

教师引领：纵观中华民族的发展史，我们无时无刻不在感受着艰苦奋斗带来的奇迹。下面，就让我们循着历史的足迹，去感受艰苦奋斗的精神所带来的奇迹与震撼吧！

（二）心灵洗礼

教师创设情境，引领教学：无论是在远古年代、革命战争年代还是在社会主义建设时期，中国历史上留下了无数奋斗的典故、故事。让我们打开历史的记忆，看看中国历史上曾留下了哪些奋斗的典故、故事？

教师准备丰富的音像资料，作为必要补充，穿插在共同交流的过程中，以备补充、点拨、提升学生小组活动的需要。例如，李白铁杵磨针，"铁人"王进喜，"神八"飞天，我和"天宫"相关视频。

教师应及时给予学生必要的引导、评价，使其加深对艰苦奋斗精神（长征精神、"铁人"精神等）的理解和认识。

教师结合学生课前搜集到的典故、故事组织学生小组交流。在学生交流的过程中教师巡视课堂，了解各组交流情况，并适当参与小组交流，给予适时点拨、启发。3～5分钟之后，按照"远古时代、革命战争年代、社会主义建设时期"三个时间段的划分，选择不同小组进行共同交流。

在师生共同交流之后，教师进一步启发学生：当我们循着历史的足迹，去感受奋斗所带来的奇迹与震撼的同时，你最大的收获是什么？

给学生留出思考的空间，启发、鼓励学生多角度谈出自己的收获。

教师适时加以点拨：无论是在远古时代、革命战争年代还是在社会主义建设时期，纵观中华民族的发展史，其实就是一部艰苦创业的历史。艰苦奋斗是中华民族的传统美德，是我们的优良传统。

教师引领：对于艰苦奋斗精神在中华民族创业史上的深远影响，我们的党的四位领导人都曾做过精辟的论述，让我们再次聆听这些谆谆教导，永远铭记他们的谆谆教诲。

多媒体课件投影：

让学生读领袖名言，加深对艰苦奋斗精神必要性的认识，自觉做到"继承革命传统不能丢"，为下一步解决青少年自身存在的学习、生活、思想中的畏难、浪费、攀比等问题打下理论基础。

（教师多媒体课件投放：优良传统不能丢。）

教师再次创设情境，进一步引领教学：面对现代化建设中的困难与风险，中华民族依靠奋斗成就了胜利与辉煌。作为青少年的我们又该交出一份怎样的答卷呢？让我们走进人物聚焦部分，从他身上寻找答案吧！

（三）见贤思齐

教师展示"杨利伟训练的艰辛"相关资料。

待学生听教师讲完杨利伟的故事，教师针对故事情节，启发学生思考：

（1）你从杨利伟从飞行员到航天员、从普通军人到航天英雄的成长经历中，受到了哪些教育与启发？

（2）杨利伟在给学生作报告时曾深情寄语学生："为了我们伟大的祖国，时刻准备着！"同样的问题我想问一下同学们：你准备好了吗？你准备怎么做？

给学生思考、小组交流的时间，鼓励学生多角度、发散式思考，教师对学生的观点给予点拨、升华。

通过问题的交流，充分挖掘故事中情感教育因素，学生深刻体会到航天英雄杨利伟的爱国主义情感、高度的责任意识、奉献精神、艰苦奋斗精神……懂得个人价值的实现只有在为实现共同理想的奋斗中才能更好体现；进一步明确青年的优势及历史责任，向英雄学习，自觉磨炼自己，把自己培养成对社会有用的人才。

交流结束后，教师及时引导：青年是祖国的未来、民族的希望，是富有朝气、创造性和生命力的群体，对推动历史发展和社会进步起着重要作用，肩负着为实现全国各族人民的共同理想而奋斗的历史使命。青年只有从日常学习、工作和生活做起，继承优良传统，发扬艰苦奋斗精神，才能实现个人理想，承担起历史责任。

然后教师安排课堂小活动引导学生培养勤俭节约、吃苦耐劳、不畏艰险、不断进取、奋发向上的奋斗精神，拒绝浪费、攀比、畏难思想和行为。

（四）身体力行

组织喜欢表演的学生表演情景剧。

第一组

  同学 A："你的衣服是世界名牌吗？"

  同学 B："不是名牌我才不穿呢！"

第二组

  同学 C："哥们儿，今晚的作业太多了，我给你点'小费'，你帮我写吧！"

  同学 D：（无语，做无可奈何状）

第三组

  同学 E：（手拿面包，做很不情愿吃状）

  同学 F："不爱吃就扔掉吧！"

教师根据情景剧启发学生进一步思考："同学们，情景剧的故事情节很现实，表演也很精彩。聪明的同学们一定能够看出 A、B、C、D、E、F 同学身上缺乏什么精神。你们当中存在这些现象吗？在今后的日常学习、生活和工作中，你们应该怎么做呢？"

引导学生讨论，并结合自己的实际自查自纠，找出与艰苦奋斗背道而驰的行为，表表决心，说说以后应该怎么办，达到外在教育和自我教育的统一。

在学生充分发言的基础上，教师小结，引导学生懂得：尽管生活富裕了，仍然提倡艰苦奋斗，青少年应该把艰苦奋斗精神落实在学习上、生活中、思想上、行动中，自觉培养勤俭节约、吃苦耐劳、不畏艰险、不断进取、奋发向上的奋斗精神，拒绝铺张浪费和贪图享受。

课堂小结，教师表达希望："经历了无数磨难的中华民族依靠艰苦奋斗成就了崛起和腾飞，也必将依靠艰苦奋斗成就它的辉煌与灿烂；无数风流人物依靠艰苦奋斗成就了自己的神话和辉煌。亲爱的同学们，让我们从现在做起，用奋斗去书写、成就各自无悔而又精彩的未来吧！"

六、教学反思

　　我在教学设计中遵循了"学生是主体，教师是主导"的理念，注重启发和引导学生自主、合作、探究式学习，使学生最大限度地处于积极主动的学习状态，让课堂成为充满创造的过程，成为充分展示学生独特个性的过程。

　　教学中"心灵洗礼"环节，由于各小组课前准备不平衡，有的小组准备材料不多，造成对艰苦奋斗必要性的认识不均衡，影响了教学效果。

谈初中政治自主学习六步教学法

长期以来，由于受到"应试教育""片面追求升学率"的负面影响，部分老师总是课堂上滔滔不绝地"满堂灌"。传统的课堂教学思想是为掌握而教，它关注的是老师的"教"和学生知识的掌握，而忽视了学生自身的主体作用，特别是潜能的发挥，并且将知识的掌握同情感的发展割裂开，将能力发展与人格培养割裂开。新课程标准提出："倡导学生自主、合作、探究的学习方式，有利于学生在感兴趣的自主活动中全面提高素养，是培养学生主动探究、团结合作、勇于创新精神的重要途径。"在新课改的形势下，为了提高课堂教学效率，减轻学生学习负担，让学生在宽松、民主、和谐的课堂上生活与学习，必须改变当前的课堂结构，转变教学方式。

那么，如何为学生搭建自主、合作学习的平台，让课堂真正成为学生自主、合作学习的主阵地呢？

我在教学实践中充分遵循相信学生、依靠学生、解放学生的原则，让学生感受求知快乐的理念，学习、借鉴杜郎口中学"三三六"教学模式和洋思中学"先学后教，当堂训练"教学模式，结合学校实际不断探讨、摸索，初步形成了政治课"学案引导、互助促学"六步教学法，基本流程如下。

一、基本流程

情境导入，明确目标——学案引导，自主探究——互助合作，质疑解难——展示提升，交流共享——走进生活，拓展迁移——反馈巩固，课堂小结。

二、流程阐释

1. 情境导入，明确目标。

思想品德课重在情感的感染和熏陶，好的导入能够起到点拨知识、暗示内容、激发兴趣、调动思维、承上启下等作用。设计情境是导入新课的基本要求，主要方法有故事情境、案例情境、歌曲情境、诗词情境、小品情境、录像情境、数据情境、游戏情境等。情境导入的作用是打动学生，让学生对所学的内容情感上有所感动，心灵上有所震动，进而让学生思考，并进行自主感悟，即让学生谈谈由这个情境所引发的所思所想、所感所悟，让学生带着问题、带着情感进入新课的学习氛围中。

导入新课以后，出示学习目标。没有目标的学习是盲目的学习。首先要求学生明确学习目标，采取学生单独读、小组读、齐读等方式，对本节课将要学习的内容和重难点有明确的认识。学习目标不仅应有知识目标，还应包括能力目标和情感目标，以凸显政治课明显的德育功能。

2. 学案引导，自主探究。

教师说明自学方法、时间要求、检查办法后，学生依据学案自学提纲进行自主探讨。合作学习不是所有问题都要进行合作讨论，而是要重视对学生独立解决问题的能力的培养。学生依据自学提纲和教材，运用圈、点、勾、划等方法读透教材，理清逻辑关系，掌握基础知识；对于自己解决不了的或拿不准的问题可在 2 人之间或小组之间小范围地探讨交流。在此过程中，教师主要是巡视检查，掌握学生的学习情况，找准问题所在，基本上不直接参与学生的活动。

3. 互助合作，质疑解难。

对于自学中不能解决的、新发现的问题，在合作小组中进行集体互助合作攻关。操作的顺序可依照"1—2—4—6—8—n"进行，即：自己能解决的自己解决，个人解决不了，进行"一对一"（2 人组）学习，2 人组解决不了的，4 人组解决，4 人组解决不了的，8 人组解决，8 人组解决不了的，班内合作解决。在互助合作解决问题的过程中，小组成员还要提出质疑甚至相反的观点，促使思维向深度发展。学生在质疑问难、辩驳解疑的过程中理清思路，解决问题，形成观点。

教师的主要任务是观察问题所在和问题的原因，为以后有目的地讲解、测试、反馈提供一手资料。

4. 展示提升，交流共享。

学生以小组为单位，对所探究的需要深度思考的问题（可以是老师设计的，也可以是学生发现的；可以是具体内容的，也可以是拓展延伸的；可以是感性演示的，也可以是理性归纳的）进行展示，其他小组的同学在认真倾听、记笔记的基础上，记下疑问。当展示结束后，提出自己的疑问并要求答复，没有具体的问题时，也要适当地从准确性、新颖性、实效性、语言表达等方面指出存在的不足和欣赏的长处。

展示的方式要丰富多样，新颖活泼，健康深刻。展示的方式除了常用的听、说、读、写、看外，更提倡小品表演、编演课本剧、案例分析、调查分析、网络交流、歌曲绘画、实物设计、实际操作等多种艺术的呈现方式。展示交流时要求学生能够脱离课本，用自己的语言阐述思路和见解，能够让其他学生在倾听的基础上学会思考。

教师更多地充当协调员、导演、听众的角色，在所有展示结束后，做简洁准确的客观评价。

5. 走进生活，拓展迁移。

以上环节完成后，教师要根据本课的重点、难点、易错点、易混点、提升点紧密结合时事和学生生活，设计 1~2 个题目，让学生尝试运用所学的知识解决自己身边的问题，把课本上的知识迁移到生活中加以应用，真正让学生感受到学习的实效性和有用性。

教师主要是巡回检查学生的作答情况，对先答完的学生及时面批，掌握学生易出错的地方，然后针对性地进行点拨。

6. 反馈巩固，课堂小结。

落实堂堂清，实现当堂达标、当堂反馈、当堂矫正，才能提高课堂效率。学习小组成员可采取"一对一"方式相互检查重要知识点，老师可以抽查部分同学，也可以依据学案进行课堂检测。检测最好能限定时间，让学生独立思考作答，以训练学生的书面表达能力和独立思考解决问题的能力。让小组成员互换批改，并相互借鉴，完善答案。

为形成对自学内容的整体认识，使知识明晰化、条理化、系统化，让学生更好地把握主干知识，可以按照课题、框题、目题、问题构建知识网络图，对所学知识进行总结。

"学案引导、互助促学"包含了探究性教学、自学辅导法以及合作学习和目标教学理念，其核心是学生依据学案"自主"学习，手段是"小组合作学习"。

学案引导的过程是指教师在课堂教学中引导学生紧紧围绕学案这一中心，自主预习、交流、合作探究的过程。教师根据新课程标准和教材要求，设计学案内容，包括学习目标与要求、基础知识自学提纲、深度思维的问题、方法与思路的要求、典型例题的举例和分析、系统总结和归纳、跟踪检测、当堂达标、布置作业、拓展迁移等。

在上课前将学案分发给每位学生，课堂上以学案中的学习目标为指导，以预习提纲为依据，让学生自主学习，合作探究，最终达成学习目标。在这一环节中，既有学生的自主学习、自悟、自结，又有学生之间的合作交流。这种教学方式不仅有利于知识的传授，更有利于学生学习习惯、学习方法的培养。它以全面提高学生素质为目标，尊重学生的主体性和主动精神，开发学生潜能、激发学生学习兴趣，要求教学方法以培养学生的主动性、参与性、合作性为宗旨，最大限度地为学生提供主动参与的机会，留给学生思考的空间，调动学生的学习积极性，力求让学生在学习过程中，主动、快乐、积极地展示、表现自我，唤起学生的求知欲望，强化学习动机，加强"目标"落实，全面提高学生素质。

小组合作学习是师生共同完成学习任务的过程和手段。师生依据学案进行多向交流。通过形式多样的师生互动、生生互动，形成群体参与、平等对话、共同探究的气氛，充分利用教师的主导作用、学生的主体作用和"兵教兵""兵练兵""兵强兵"战略，最大限度地发挥师生的潜能和学生间的合作精神，促进全体学生的发展。在这一过程中，教师深入学生中间，随时记录组内和组间新生成的疑难问题，进行指导、答疑，并摸清各类学生知识和能力的发展情况。老师将收集的各类信息、问题进行筛选，提交全班同学展开讨论和互动交流，实现学习的广泛迁移。对一些必须讲解的问题，比如模糊性问题，做重点讲解和指导，甚至精讲，反复讲。在学生个体或小组集体确信任务已完成时积极展示，实现全体共享。

反思：下面是我在教学实践中遇到的一些问题，提出来期待与同人在实践中切磋、解决，共同促进政治课堂教学的最优化，为学生搭建自主学习的平台，让课堂真正成为学生自主学习的主阵地。

（1）学习小组是最基础的教学组织单位，小组作用发挥得如何直接关系到教学的成败。每节课一到小组合作交流这一环节，学生就特别兴奋。他们或坐或站，自由交流，思维、形式均不受限制。除了交流问题外，有的同学可以趁机说点课外的话或自己在偷偷玩，游离于小组之外。

（2）在教学实践中发现，学生依据自学提纲进行自学时，看某一段落与某个问题相关，就从头画到尾，根本不仔细阅读内容，因为注重教师提出或者要展示的问题而影响了知识的全面学习。

（3）没有过多的时间设置专门的自主学习、展示、反馈课，将各环节融于一堂课，无疑更符合政治教材的特点。但由于课堂教学环节较多，学生对知识的理解要肤浅，掌握得要差些。

（本文曾发表在《学习方法报》CN14-0706/(F) 2008 年第 49 期第 8 版）

提高课堂讨论实效"四步法"

一、问题的提出

青州市郑母初级中学积极推行构建自主、互助、学习型课堂教学改革，教师普遍采用小组合作学习的教学组织形式。课堂讨论作为教学结构中的一个重要组成部分，对于活跃课堂气氛、鼓励学生积极思考、帮助学生理解疑难问题有积极的意义。但是在实际教学过程中，由于我们缺乏对组织讨论的策略的思考和研究，课堂讨论表面上热热闹闹，实则无效，流于形式，学生疲于应付，造成了课堂教学的"虚假繁荣"，耽误了学生的学习时间，教学实效欠佳。

二、解决问题的方法和策略

为提高课堂讨论的实效，我们教研组在课堂教学改革实践中不断探索、完善，逐步形成了提高课堂讨论实效"四步法"——编制学案、精心设计问题→参与讨论、科学组织调控→引导探幽、及时深化问题→梳理总结、真实客观点评。

（一）编制学案、精心设计问题

编制学案、精心设计问题是课堂讨论有效进行的前提。问题是课堂讨论的核心内容，也是课堂讨论的有效载体。问题设计的好坏是课堂讨论的关键，它直接关系到课堂讨论的成败。我们教研组在编制学案时，特别要求讨论问题的设计应把握好以下几点。

（1）紧扣教材，有利于解决教材的重点和难点。教师在占有教材和大量资料的前提下，要针对教材的重点和难点，把学生所要掌握的知识和形成的能力设计成问题的形式进行导学、导练、导结。

（2）设计的问题难易要适度，既不能太综合、过于深奥，让学生望而生畏、无从下手；又不能过于浅显，没有任何讨论价值。

（3）设计不同层次的讨论问题，满足不同学生的需要。

（二）参与讨论、科学组织调控

参与讨论、科学组织调控是课堂讨论有效进行的保障。教学的情境千变万化，教师要根据具体情境把握课堂讨论的节奏，积极参与，适时介入，及时引导，做好讨论的组织调控工作。讨论的基本的程序应是：展示问题情景、提出讨论问题——学生自主探究、形成初步观点——组内交流研讨、学生广泛参与——小组代表发言、组间相互完善——教师总结评价、实现师生共进。

（1）组织学生自主探究，为讨论奠定基础。教师提供给学生导学案后，要求学生按"1—2—4—n"原则进行自主学习，个人能解决的问题绝不两人讨论，小组能解决的问题绝不全班讨论。让学生带着自己的观点或思考的初步成果参与小组讨论，这样其才能真正体验到讨论带来的挑战性以及与他人分享思考成果的快乐。没有个人的先期思考和探究，就不会有良好的讨论结果。

（2）讨论过程中应注意适度地诱导，要善于把握讨论的时间和节奏。讨论时，教师要积极参与学生的活动，这样才能听到学生的心声，才能清楚地了解组织形式的利弊和讨论时间的长短，从而不断改进讨论的方式方法，提高讨论效果。教师在参与的过程中，要学会专心地倾听学生的发言，关注学生的思想动态，关注讨论进程。当学生纠缠于枝节而忽视主题时，当出现事实上的错误或逻辑错误时，当各组发言不均时，当出现无人发言局面时，当观点被重复提出时，当思维出现停滞时，当争执不休时，等等，课堂上就应该及时出现教师的声音。教师适时、适量地介入讨论，以确保讨论的顺利进行。

（3）明确分工，落实任务。学习小组一般都有明确的分工，学生担任主持人（或组长）、记录人、发言人等，各司其职。为激发每个学生的讨论积极性，主持人、记录人等角色采取"轮流坐庄"形式更好些。还必须落实相应的讨论要求。如要求学生在思考的基础上积极参与发言，并善于做一个虚心的倾听者，在倾听中认真思考、分析他人的长处与不足。善于接纳他人的正确意见，宽容对待他人的不同意见。在学生发言的过程中，要指导学生学会倾听，用批判的眼光和思维对待他人的发言，这本身就是培养学生求异思维和创新能力的好做法。

（4）教师还应"重点关照"性格内向、表达能力欠佳、反应较慢的学生，有意识地给这些学生创造弥补缺憾的机会，可以以指定发言的形式给他们另一种思考和表达的机会。

（三）引导探幽、及时深化问题

这是保证课堂讨论实效的关键。在组织课堂讨论时，教师将精心设计的自认为十分精彩的有悬念的问题抛给学生后，学生有可能会立即做出准确的回答，使精彩的"悬念"变成了乏味的"白开水"。在这种情况下，学生虽然说出了答案，但往往没有经过深思熟虑，更多的是知其然未必知其所以然。因此，答案的提前出现并不意味着教学目标的达成。教师可以在了解真实情况的基础上，与学生一起深入探讨"为什么""怎么办"的问题，将学生的思维由事物的表层引向深处，追求深层次理解现象背后的本质。同时，教师还可以提出相反的观点，让学生想办法证实或证伪。从而，引导学生的思维向深处发展。

（四）梳理总结、真实客观点评

这是完善讨论结果的重要一环。讨论结束时，教师要对整个讨论过程和结果作总结概括。

（1）教师可以归纳学生对讨论问题的新认识或提出的解决方法，并进行有效的梳理，帮助学生理解和把握难度较大或有争议的理论和实际问题，给学生一个清晰完整的印象。但是，在教学中如果不分难易，每个问题都这样做，也可能造成学生的依赖思想，使学生无形中丧失了进行比较、反思的机会，思维得不到继续发展，主动性和积极性得不到持续提升。所以，我们认为对于一般性的或共识性的问题，教师应善于抓住机会让学生去自主归纳，学生相互补充，最终形成一个完整的答案，为学生主动、积极的后继学习打下基础。

（2）对学生进行及时的鼓励，使学生感到教师对自己的尊重和重视，以便增强他们对学习的自信心和进取心。新课程强调要鼓励学生大胆发言，积极参与课堂教学，但也要注意不能片面理解、鼓励学生发言，在对讨论进行反馈时，不要一味地"赏识"，缺乏对学生正确的引导，诸如，"你的回答很正确！"——实际上存在明显的错误；"你的回答很有创意！"——其实毫无新意，从而使课堂教学的即时性评价失去了客观性和真实性，在一定程度上影响了学生的发展。

（3）教师的评价必须做到言简意赅，观点鲜明，起到画龙点睛的作用。同时，教师还有必要指出讨论过程中存在的问题，对学生参与讨论活动的情况予以适当总结，使学生在以后的讨论活动中避免出现类似的问题，确保在以后的讨论中进一步提高效率。

（4）对学生在讨论中的表现的评价，要坚持因材施教的原则，防止"一刀切"、简单化。如对优等生要求从严，在优点中找缺点，对后进生要从宽，在缺点中找优点，以便使后进生学习有信心，优等生学习有方向，达到整体优化、共同提高的目的。

三、取得的成果

课堂讨论是我校目前小组合作学习中教师普遍采用的课堂教学组织形式，它体现着新课程理念所倡导的自主学习、探究性学习、合作学习等先进教学理念的基本思想，提高课堂讨论实效"四步法"经在我校推广实践，效果显著。

在小组合作学习中，学生讨论避免了随意性，讨论目的更加明确，问题更加具有价值，讨论的质量大大提高；教师进行有效引领，使学生参与度均衡，保证了绝大多数学生的参与；教师即时性评价更加客观真实。

（1）启发了学生思维，养成学生良好的学习习惯。讨论引导学生思考，在主动参与讨论交流的过程中，学生与学生、教师与学生的思维广度不断扩大，思维层次不断提高，养成了良好的学习习惯。

（2）活跃了气氛，教师更能有效调控教学。教师在课堂上充分给学生"思"和"说"的机会，一来学生主动参与了，二来课堂气氛活跃了，而且通过辩论，教师可以及时了解所提问题的价值，初步感知教学效果。教与学双方以讨论来调节，来补充，取得更好的效果。

（3）相互学习，整合优化。分组讨论的过程，既是一个相互合作的过程，又是一个相互学习的过程，在这个过程中，大家反复问答、操练，变答非所问为对答如流，变躲躲闪闪为自然而然，变分歧为统一，达到了整合优化的效果。

（4）主动实践，探索创新。在课堂讨论中，教师为学生营造了一个发表见解、流露情感、锻炼表达的实践氛围。允许学生在讨论时存在错误，不"及时"打断学生。学生的创新能力在不断的讨论中得到了发展和提升，创造型人格得到相应生成和确立。

四、应注意的问题

尽管讨论是一种很好的学习方法，但是在教学中对它的使用也不能随意。适时、适当地讨论才会产生好的效果，否则，不仅不能达到提高学习效率的目的，反而会成为学生学习进步的障碍。课堂讨论的问题一次不宜太多，讨论的时间也不能太长。问题太多了，学生的思维就不易集中；时间太长了，老师就不能对课堂进行有效的控制和驾驭。

［本文曾获 2008 年潍坊市中小学（幼儿园）教育教学金点子成功案例二等奖、青州市第四届教学成果二等奖］

如何提高小组合作学习的效率

一、问题的提出

在小组合作学习中，我们发现教师和学生等方面仍然存在许多不足和问题，影响小组互助学习的效率。

（一）教师方面的因素

1. 教师没有真正领会小组合作学习的内涵。

2. 教师缺乏指导小组合作学习的知识和技能。

（二）学生方面的因素

1. 学生参与小组合作学习的程度不均衡。

2. 学生缺乏合作学习的技能技巧。

3. 学生缺乏自制力，不专心，易受干扰。

二、解决问题的方法和策略

除加强研究和实践如何组建、评价管理学习小组外，我们注重学生合作意识和技能的培养，提高教师指导、管理合作学习的能力。

（一）培养学生合作意识、合作技能，发展学生自主能力

1. 培养学生合作意识。

（1）开展一些小组竞赛活动，如组织六人七条腿比赛活动，激发学生合作意识，逐步将合作意识内化为学生的学习品质。

（2）在班级中利用一定时间开办学习方式专题讲座，向学生宣传各种先进的学习方式，介绍小组合作学习方式的优点、一般的操作策略，使学生产生自主、合作、探究的欲望。

（3）建立长期合作小组，这是最基本的条件。只有经过长期的合作学习之后，学生感觉到我们是一个学习小组，我是这个小组的一员，潜移默化地培养学生的合作意识。

2. 教给学生合作技能。

让学生认识到技能的价值并且让他们清楚技能的具体表现，然后鼓励学生

在生活中练习使用该技能，同时，在课堂中为学生提供练习该技能的机会，最后，检查学生在小组活动中使用该技能的情况并鼓励他们坚持使用此技能。

要想有效地开展小组合作学习，应该教给学生一些基本的合作技能。比如：在小组合作讨论、交流学习时，教给学生要尊重对方，理解对方，善于倾听对方的意见；有不同意见，也要等对方说完，自己再补充或提出反对意见；碰到分歧或困难，要心平气和，学会反思，建设性地解决问题。当然，这些技能和品质，是不可能一朝一夕练成的，要有意识地长期培养，潜移默化。

3. 发展学生自主能力。

自主、合作、探究是新课程积极提倡的有效学习方式，其中，自主应该是基础。如果小组成员没有一定的自主学习能力，那么他们的合作也是虚无的、没有实效的。

（二）提高教师指导、管理合作学习的能力

1. 调控、引导技能。

由于学生自主学习的空间较大，课堂上出现意外情况的概率大增，作为教师必须精心考虑、周密组织，在实践中不断提高自己引导的水平。在进行小组合作之前，学校要求教师对学生进行适当的培训，激发学生合作的意识，使学生领会基本的合作规则，掌握基本的合作本领，这才使得大部分学生面对合作时不会无所适从。教师的引导作用主要体现在三个方面：知识指导、学法指导、组间调控。在准备课时，教师对可能出现的困难或意外有充分的思想准备，不怕出现混乱的局面；其次，教师面对教学意外时，必须镇静从容，及时引导，根据学生的生理、心理特点采取形式多样的引导措施；再次，小组活动开展得顺利时，教师应给予及时的表扬。当小组提前完成任务时，教师应检验他们是否真正完成了任务。如果确实完成了，教师就开展一些备用活动，如帮助其他组完成任务。

2. 管理技能。

在合作学习的课堂上，老师要意识到对学生指导和协助的必要性，对课堂给予足够的管理和监控。教师要密切关注学生合作学习的进展情况，并适时、适当地提供帮助。

教师要坚持"最少干预原则"，在确定小组全体成员都尽力，但仍不能解决问题时，才介入小组提供帮助；坚持"最小帮助原则"，每次只给予必要的提醒，不要包办代替。

教师在教室走动时不宜太快或太频繁，走动的范围应当遍及教室每个角落，不要遗漏任何一组学生；此外，要保持对全班每个小组的关注，可以在小组旁边适当停留，但是逗留时间不宜过长而忽略了对其他小组合作学习开展情况的关注及问题解决的需要。

3. 善察学生合作需要。

学生在学习时，不是任何内容都需要进行小组合作学习的，只有当内容在学生个人确实无法解决的情况下才让学生进行的小组合作学习，这样的合作才有价值，学生才有合作的热情。因此，教师在进行课堂教学时，要善于观察学生的合作需要，有选择地让学生进行小组合作学习。对于那些学生力所能及的问题，让学生独立解决，那些力所难及的问题，则让学生合作解决，而那些力所不及的问题，则需要教师引导解决。

4. 注重教师自身参与。

教师是课堂教学的组织者、引导者和合作者。因此，在学生小组合作学习时，教师做到自身参与，及时了解学生的学习进程，激励学习积极讨论、交流，提高合作的效率。

5. 教师要设计适当的课堂问题。

问题设计不要太简单或太难，问题的设计要符合学生学情，配合教学进度，做到灵活多样。对于较难问题的讨论，学生往往会偏离教学，或者无从下手，使合作学习徒有虚名而走过场，不能发挥合作的真正作用。同时，讨论的问题也不能简单化，无讨论价值的最好不予讨论，教师不能为了活跃气氛而提出一些不值得讨论的非常简单的问题。另外，要合理分配好时间，保障学生有充足的时间去探索、讨论和交流，充分让不同层次的学生都参与，都有一定的收获。

善于设计探究性问题。中学生具有好奇心强，喜欢探究，好表现自己等心理特征，设计探究性问题就是要让学生探究知识发现的过程，有了发现，不论是对还是错，不论是深还是浅，也不论是独到还是庸俗，学生总爱向老师和同学炫耀，这是适应学生的心理特点的。这时学生合作探究的需求便产生了。

设计开放性问题。对于开放性的问题，学生能通过自身的知识，经验，阅历，素养等进行个性化的解答，合作学习给学生提供了一个交流的机会，搭建了一个展示自己、了解别人的平台。

设计矛盾性问题。学生身心的成长与发展的过程，其实就是不断克服自身矛盾冲突的过程。在教学中通过设计矛盾的问题，引起学生认识、情感、生活经验等的矛盾冲突，使学生产生欲动的心理。这时，老师及时地让学生进行合作探究，正切合学生的心理需求，能收到合作的高效。

三、取得的成效

加强小组有效合作学习的研究和实践，极大地提高了师生的素质和技能，提高了课堂效率，成效显著。

1. 增强了研究的气氛，促进了教师的专业化发展。教师管理课堂的能力大大提高，授课水平进步斐然。在 2008—2009 年青州市、潍坊市两级优质课、教学能手评选中有近 20 人获奖。

2. 小组合作学习很好地突出学生的主体地位，培养了学生的主动参与的意识。小组合作学习给全体学生提供了较为充分的独立思考、自主探究的时间和空间，营造了自由、宽松、和谐、生动的学习环境，创造出一种真正意义上的尊重学生的创造性、相信学生潜能的学习氛围，调动了不同层次学生学习的积极性和主动性，增强了学生学习主体参与的意识，把学生切实地推向学习的主体地位。

3. 小组合作学习激发了学生的创造潜能，让每位学生参与及亲身经历知识的形成过程。小组合作学习为全体学生提供了展现自己聪明才智的机会，不同程度地满足了学生"发现者"的心理需求。学生在探索新知、解决问题的过程中，其好奇心和求知欲得到较为充分的满足，获得不同程度的成功体验。在这样的合作交流中，相互促进、集思广益，学生对知识挖掘的深度和广度得以拓展，对教材内容理解更为深刻，记忆更为牢固且应用自如。

4. 小组合作学习培养提高了学生的交际能力，有利于学生自我意识的形成和发展。小组合作学习是同学之间互教互学、彼此之间交流信息的过程，也是互爱互助、情感交流、心理沟通的过程。小组合作学习中的活动任务分担与成果共享，相互交流与相互评价，使学生体验到一种被他人接受、信任和认同的情感，这就为学生社会化程度的提高、交际能力的培养、自我意识的发展提供了充分的条件。

5. 小组合作让学生获得了类似科学研究的体验和技能，进而培养了合作能力和团队精神。集体研究是小组合作学习的主要方式，当今的科学研究大多都要组成课题或项目小组，由小组成员分工合作，共同完成课题或项目。小组合作学习就是"用类似科学研究的方式，主动地获取知识、应用知识、解决问题的学习的活动"。因此，学生在合作小组中，通过与同伴共同努力来确定目标、制订方案、收集资料，并进行分析处理、寻求问题的答案或结论，这一合作过程，既是类似科学研究的体验过程，更是学生之间能力、情感、心理不断调整互补、互动统整的过程。这种合作，通过相互启发、激励，发展认知能力，对一个人的合作能力与团队精神的形成也具有奠基作用。

6. 课堂效率大幅提高，学生成绩大幅提升。学生合作意识、合作技能提高的同时，学习兴趣明显增强，思维水平得到了大幅度提升，学生的学习成绩实现大跨越。在我们进行的几次课改效果评估活动中学生成绩与对照学校相比进步明显。

（2010年获得青州市第六届教学成果一等奖）

小组有效合作学习推广工作总结报告

一、项目推广的背景及目的

时代的发展、社会的进步、教育思想的变革，促进教学过程的各个环节与所有因素不断发生着变化。《国务院关于基础教育改革与发展的决定》指出："鼓励合作学习，促进学生之间的相互交流、共同发展，促进师生教学相长。"新课程标准提出："倡导学生自主、合作、探究的学习方式，有利于学生在感兴趣的自主活动中全面提高素养，是培养学生主动探究、团结合作、勇于创新精神的重要途径。"无论是从教育法关于落实素质教育的要求，还是从新课程标准关于学生"自主、探究、合作"学习方式的要求来看，课堂教学改革势在必行。为了提高课堂教学效率，减轻学生学习负担，让学生在宽松民主和谐的课堂上生活与学习，我们必须改变当前的课堂结构，转变教学方式。

新课程实施后，我校积极进行构建自主、互助学习型课堂教学改革，教师们大胆改革课堂教学模式，普遍采用小组合作学习的方式。我们一年来的改革实践证明，小组合作学习在调整课堂教学关系、大面积提高学生的学业成绩、发展学生终生学习能力等方面的确很有实效。但是，我们通过学生课堂学习的现状调查及师生谈话了解到：目前在教学实践中的小组合作学习仍然存在重形式、缺实效的现象，合作学习的效率有待进一步提高。

怎样更加有效地实施小组合作学习？怎样才能进一步把我校已经建构起来的"自主、互助学习型课堂"推向深入？潍坊五中的成功经验为我们提供了可参考性范例。我校决定将潍坊五中的"小组有效合作学习"项目的研究成果加以推广和发展，让教师们进一步转变思想，深化课堂教学改革，充分发挥学生的主观能动性，使学生们得到最大限度的发展，从而提高小组合作学习的效率，全面提高我校的教育教学质量。结合我校改革初期发现的问题，我们着重就影响小组有效合作学习的因素，从教师和学生两方面作了具体分析和研究。

新课程改革强调学生学习方式的转变。小组合作学习作为本次课程改革积极倡导的有效学习方式之一，因其具有使学生优势互补、形成良好人际关系，促进学生个性健全发展的优点，日益受到广大师生的青睐。但是，通过教学实践大量的听课活动发现，要将小组合作学习真正行之有效地开展，绝非易事。小组合作学习的实效性总是受到一些因素的影响。影响小组合作学习实效性的因素有如下几种。

（一）教师方面的因素

1. 教师没有真正领会"小组合作学习"的内涵。教师对小组合作学习的精神实质把握欠佳，表面化、形式化地理解其意义，影响了学习品质的提升。利用小组的形式开展合作学习是目前教师们普遍采用的一种形式。但这种合作学习不等于简单地把学生分成若干个小组进行讨论。目前，我们看到的所谓的"小组合作学习"，仍停留在传统的"小组议论"的层面上。大多是让学生以小组为单位坐在一起，教师布置一个问题让学生分组讨论，然后汇报一下学习结果就算完成任务。这说明：教师没有真正领会"小组合作学习"的内涵和实质，没有意识到仅让学生在距离上靠近，不一定能促进学生认知和情感的变化，形成一种合作学习的精神和意识，从而有效地合作学习。

2. 教师缺乏指导小组合作学习的知识和技能。在小组合作学习中，教师是总体设计师，又是主要组织者。教师必须对合作学习进行精心设计，从学生分析、目标设置、分组策略、任务选择到教学过程的设计与评估等都要进行全面设计，同时要事先让学生知道所要解决的问题，让学生去搜集资料，提前思考，使学生对问题有一定的独立见解；除此而外，在实际操作中，教师还必须给予及时、适度的组织和调控，以保证小组合作学习顺利进行。

然而，现实中有相当部分教师在实践操作中显得很茫然，缺乏小组合作教学的知识和技能。例如，有的教师苛求学生按照自己的意愿进行；有的教师则仅做旁观者；有的教师为了让学生能广泛参与，只要有问题，不管合适与否，就让学生合作讨论；有的教师则经常采取随机分组的方法，很少考虑每个小组各成员的学习、能力、性别等个体差异的均衡搭配；还有的教师片面追求形式，没有给学生充足的思考时间和讨论时间，学生还没有进入合作学习的状态，教师就要求结束，等等。上述这些状况都无法让学生明白什么叫相互配合，什么是共同任务中的分工和个人责任。小组合作表面上轰轰烈烈，学生发言七嘴八舌，实际上只是东拉西扯，甚至嬉闹说笑，缺乏实效。

3. 教师的评价没有走出选拔甄别的误区。教师是小组合作学习评价机制的主要制定者和引导者。建立合理的小组合作学习评价机制是为了不断调整小组成员的各种行为和活动规范，引导小组成员向更有利的方向发展。但我们在实践中常常看到：教师对小组合作学习评价用的是团体目标评价，即根据预定的目标，对每个小组的总结发言或作业（调查报告、小论文等）打上一个团体分数。团体目标评价造成了如下问题：一是教师是唯一的裁判者，评价主体单一；二是评价内容缺乏人文思想；三是评价只着眼于小组整体，没有关注学生个体反应；四是评价重结果、轻过程。由此可见，这种团体目标评价把优秀的成绩给予某个合作学习小组成员，也就是极少数学生，从而使得评价"穿新鞋、走老路"，又成了选拔甄别的过程。而在这个过程中，只有少数学生能够获得鼓励，体验成功的快乐，大多数学生都成为"失败者"。

（二）学生方面的因素

1. 学生参与"小组合作学习"的程度不均衡。小组合作学习过程中，学生的参与程度是不均衡的。个别学生频频发言，大部分学生默默无闻、一声不响，成为"多余人"，这种少数人学习、多数人游离于学习过程之外的小组合作学习成了学优生发挥自己潜能、表现自己才能的舞台，待优生则往往被忽视，无形中失去了思考、发言、表现的机会，根本不能完成共同的学习任务，也达不到共同发展的要求，使合作学习流于形式。其原因主要是：①部分学生受性格、能力、家庭背景及情感体验等因素影响不能很好地与别人交流，有较强的胆怯、羞涩心理而以旁观者的身份自居；②现在的小学生大多是独生子女，在家里被奉若明珠，以自我为中心，自私心理十分严重，当老师要求他们相互合作时，他们只图好玩，却不肯为小组做一点"贡献"，由此导致他们不愿合作；③学生的个人职责不明确；④有些学生不愿意当众暴露自己的思想；⑤学生不能从合作中体验到学习的欢乐，尝到合作学习的"甜头"，也是他们不愿合作的原因。

2. 学生缺乏合作学习的技能技巧。在开展小组合作学习时，我们还发现由于教师在进行小组合作之前，没有对学生进行适当的培训，没有激发学生合作的意识，使学生领会基本的合作规则，因此有的学生不知道怎样才能与其他人进行有效的合作。例如，不知道怎样建立信任、如何正确清晰地与其他成员交流、如何解决冲突；有些小组合作学习的问题、内容过于简单，缺乏讨论、研究、交流的价值，学生在合作时无所事事，浪费课堂时间等等。这时学生相互之间就显得生疏，他们不会意识到合作学习将带给他们带来的好处，结果导致小组合作学习低效。

3. 学生缺乏自制力，不专心，易受干扰。有些合作之前缺乏必要的前提准备就匆忙展开讨论，小组合作次序混乱，学生发言七嘴八舌，没有中心；有的学生自制力不强，不专心，注意力不集中，易受干扰，爱做小动作，爱跑题，讲一些与主题无关的话题，或过于喧闹，影响了小组合作学习的效果。

另外，合作学习不是专用来活跃课堂气氛的一种教学组织形式，它应该用于解决知识的难点。对有疑难的问题、本课的重难点，教师应在作一适当引导后，让学生去合作、探索，运用集体的智慧去攻克难关。选择小组合作学习的恰当时机也是影响有效合作的重要因素之一。

二、项目推广的具体措施

从 2006 年 4 月份开始，我校积极进行构建自主、互助学习型课堂教学改革，广大教师积极探索、实践自主、互助课堂教学模式，逐步形成了具有我校特色的自主互助课堂教学模式。2007 年 3 月青州市中小学课堂教学改革现场会在我校召开，教育局领导和与会者对我校的课堂教学改革给予充分的肯定。教育局副局长夏永军在会上谈道："郑母初中的课堂教学变化非常大，进步很快，课堂教学模式非常成熟……"青州市教研室主任邢玉河在会上号召全市中小学向郑母初中学习，积极进行构建自主、互助、学习型课堂教学改革，提高课堂教学效率。此后，先后 20 多所中小学校近 600 名教师到我校进课堂观摩学习和交流。我校的课堂教学改革也引起了潍坊教科院领导的关注，刘培正院长亲自来我校深入教师课堂，指导教师的课堂教学工作。在自主、互助课堂教学模式基本成熟的情况下，我校决定推广潍坊五中的成功经验，进一步提高小组合作学习的效率，把我校已经进行的课堂教学改革工作进一步推向深入。

在项目研究推广过程中，我们从以下几个方面着手工作。

（一）拟订方案，开展工作

自 2007 年 9 月份学校拟定推广小组有效合作学习项目之日起，学校领导高度重视，召开领导班子和骨干教师调度会，决定把该项目的推广定为该学年教学工作的头等大事来抓，成立了赵永华校长为组长、业务副校长为副组长的项目领导小组，选派业务骨干教师成立项目推广的工作小组和科研小组。

项目领导小组和工作小组成立以后，有步骤、有计划地开展各项工作。

1. 学习材料，实地调研。

由骨干教师组成的项目工作小组各成员，积极学习有关小组合作学习与管理评价的材料，多渠道收集有关信息，精心领会潍坊五中小组合作学习的实质，结合我校初步开展起来的小组合作学习课改活动，展开实地调研，发放学生问卷、教师问卷多次。调查结果显示：绝大多数教师对小组合作学习持肯定和赞同态度，95%的学生喜欢小组合作学习这种方式。同学们说："小组合作能够开阔我们的视野，集思广益，使课堂更加活跃，使学习更加快乐"，"小组合作学习，增进了同学之间的友谊，树立了自己的信心"……问卷中也反映出了实验过程中存在的问题，把问题归类总结，主要有以下几个方面：

（1）"权威"学生如何控制？弱势学生如何发展？

（2）如何让学生学会交流（比如，倾听、表达、批评、抢答等)？

（3）怎样做好小组与组员的自评和互评？

（4）优生如何发展？

针对以上问题，学校组织教师认真学习潍坊五中《小组有效合作学习》成果汇编，交流心得，借鉴其先进经验，找准问题的症结，并探索出解决问题的策略方式，为项目推广奠定良好的基础。

2. 明确目标，制定方案。

学校先后多次召开一线教师座谈会，既引导教师摒弃先前的一些不当的工作策略，又广泛征求教师建议，明确下一步的实验目标，把项目推广工作落到实处。领导小组和工作小组集中办公，制定切实可行的项目推广实施方案，规划项目工作的开展。

（1）宣传发动，制定切实可行的具体实施计划。

教师认真学习自主互助学习型课堂文件及相关教育理论和教育文件，紧紧围绕如何编学案，如何设计自主课堂流程，如何组织课堂活动，如何设计课堂训练，如何进行小组评价，如何进行教后反思等教学常规进行研讨。同时，结合本校实际，各级部、教研组制定出切实可行的活动计划。校长、级部主任、教研组长直接参与，做到有计划、有安排、有过程、有反思，进行成果汇报总结，确保课堂教学改革的实效性。

（2）积极探索并尝试构建科学、实用、高效的课堂教学模式。

各级部、教研组树立了牢固的以学为本的意识，组织广大教师对教学进行反思，深刻反思过去课堂教学的得失，寻求与新课程、新教材相适应的课堂模式，努力探索让学生快乐学习幸福成长的课改新思路。提倡教学个性风格，在总结梳理的基础上，力争有突破、有创新、有收获，在校内树立自己的课标，并做到每个教师以标为准，做好学习研讨，深入贯彻"自主互助学习型课堂"

的教学理念，努力提高课堂教学效益。

（3）大胆运用于课堂教学实践，全面开展全员达标活动。

理论是基础，落实是关键。各级部、教研组采取了不同形式的观摩学习以及得力的措施，引导教师认真观摩、研讨，反复改进，大胆尝试运用，注意学科间的交流和学习，摸索出有利于学生成长与发展的教学模式，优化课堂教学。学校采取有力措施，学科组长和工作小组成员对教师的课堂进行跟踪评价，分期达标，提高了全体教师的教学能力和专业水平，真正实现课堂教学的历史转变。

（4）找准课改突破口，具体措施促发展。

紧紧围绕"构建自主互助学习型课堂"这一课改核心，反思传统课堂教学利弊，找准课改突破点，确定改变教师的备课方式、作业布置与评价方式、教研教改活动方式、课堂组织与评价方式等为课改突破点，并建立起与之配套的评价和考核制度与措施。通过这些点的改革全面推进课改的进行，以达到"减负增效"的效果：能够让学生在自主互助课堂上快乐地学习、健康地成长；让教师从传统繁杂的、机械式的备课和批改作业中解放出来，在改革实践中践行"以人为本，关爱生命"这一当代教育者的神圣职责。

（5）规范学生的学习常规。

课堂教学是教师的教与学生的学的"双向型"活动，因此，就要从学生的学习常规抓起，规范学习过程的每一个环节，努力把教师的劳动转化为学生的学习成果。一是狠抓学生的课前预习，培养学生在教师未讲之前的自主预习和自主探究习惯；二是狠抓学生的课堂学习管理，让学生主动积极地参与教学活动，紧张地思考和快乐地学习，完成当堂的学习任务；三是要明确作业要求，作业要规范步骤，做到先审题，后做题，再检查，作业要书写规范，书面整洁；四是要抓好学生的学习总结，要做到每次单元测试后，指导学生进行学习总结，并将总结作为学生学习管理的重要档案之一；五是搞好"周周清"考试，进行一周一总结、一周一反思，根据考试成绩查找问题，分析原因，改进学习策略。

3. 落实"包靠"制度。

为保证改革扎实有效，学校实行"包靠"制度，强化管理。学校领导把工作重心转移到学案设计、深入课堂，狠抓课堂效率。项目工作小组成员负责包靠一个学科和一个级部，每天拿出至少两节课的时间深入课堂，深入级部，多听课，多交流，及时发现推广过程中的问题，研究解决问题的方法。

例如：工作小组在听课过程中发现课堂上仍存在一些问题：①学生缺乏合作的技巧，课堂有点"乱"有些"闹"；②有时教师没有给学生明确学习目标，学生也没有明确课上的重点和难点在哪里，只是在跟着教师的思路盲目地"跑"；③学生展示时间过多，教师总结提升的时间过少，也就是教师的收放度掌握得不好，等等。

针对出现的问题，项目领导小组召开专题研讨会，广泛征求教师意见，提出了整改方案：①教会学生合作的技巧，如学会倾听、尊重别人的发言、小声交流等，使课堂"放"而有"序"；②加强学案的设计，每堂课上，教师要通过口述、板书、指导学生探究发现等方式来明确一节课的学习目标以及重点和难点，给学生一定的导向，让学生学有方向；③正确把握教师定位，在大力提倡学生自主学习的今天，教师的调控作用尤为重要，无论是在哪个环节，需要教师讲解、提升、归纳的一定还要由教师来进行，"该出手时就出手"。教师要考虑预习和展示的时间分配，精选展示的问题，从而提高课堂教学效率。

4. 组织系列问卷调查，反馈课题研究结果。

从课题启动开始，我们就在各个时期有目的地进行科学的信息收集、反馈与分析，及时了解教师和学生两大群体对课堂教学改革的意见、建议，从而为课程教学改革的深化、完善提供参照。调查的形式和内容是根据课改进程的需要拟定的，我们以问卷、座谈、观察、个别访谈、集体访谈、定性分析、定量分析等多种形式进行实验信息的收集及反馈，以保证将真实有用的信息上传至学校领导，下达至实验教师，使我们的"自主互助学习型课堂"实验健康有序地发展。

从实施课堂改革至今，我校共进行学生问卷 7 次、教师问卷 5 次、学生座谈近 20 次。实验初期我们最关心的是师生的感觉和改革后我们的期望目标是否达到，因此课堂教学改革开展一周后，我们从初二任意抽取两个班，就对本次实验的认识、感受以及在实验过程中的收获、困惑等问题在学生中进行了问卷调查，同时，对所有的实验教师进行了问卷调查。课堂教学改革实施 2 个月后，学生的新鲜劲过去了，兴奋感消失了，我们抽取初一、初二各两个班进行了第二次问卷调查，旨在检测学生在经历了实验初期的新鲜之后，对各项指标的感受。实施课堂教学改革一学期后，我们在初一、初二年级任意抽取了 4 个班，进行了课堂教学改革综合式问卷调查。为了使统计数据更有针对性，我们把被调查的学生按两种类型分类，一是按学业成绩分优等（1～15名）、中等（16～30名）、暂时落后（30名以后）；二是针对学生性格的差异分为善交流型（指善于表达、善于倾听、善于合作……）和不善交流型（指比较内向，不喜张扬、不善表达）。同时在全体实验教师中进行了问卷调查。

实验开展一年后，来自学生、教师、家长的反馈以及考试成绩等各方面的信息表明，我们的课堂教学改革取得了非常理想的效果，学校决定在全校所有学科推广实施"自主互助学习型课堂"，我们调查的重点随即从感受层面转移到了操作层面。于是我们针对各个学科、各种课型、教案学案的设计、课后作业的布置、批改与评价方式以及课堂教学的各个细节，分别在学生和教师中进行了问卷调查，并将统计数据进行对比、分析，为进一步完善我们的课堂教学改革提供帮助。

（二）加强科研，推动发展

学校以项目工作领导小组为龙头，成立了项目推广科研小组，带动开展行动研究，把项目推广和科研结合起来。

1. 建立健全研讨制度，建立激励机制。制度要求参加实验的教师必须积极推广潍坊五中的小组合作学习的有效策略，每周一节固定的开放课堂，每周听课至少两节，每节课找出至少2个问题并提出改进意见，为研讨交流活动积累素材。领导小组不定时进行推门听课，课后及时向实验教师反馈听课意见，把评价结果予以公布，并纳入个人年度考核。这些制度的建立和实施，无形之中对各实验教师形成压力，激励教师以积极的态度参加项目的推广。从而推动了实验活动的开展。

2. 名师引路，循序渐进、逐步推开。学校选择骨干教师组成名师组，围绕小组建设、课堂反馈、学案设计等重要问题研讨交流，确定方案，上示范课，典型引路。课后组织听课教师评课、研讨交流，从教学流程的各个环节上查找不足，矫正提高。

3. 组织实验教师到潍坊五中实地考察，进课堂观摩学习，参加他们的教师沙龙，借鉴学习先进经验，探索研究小组合作学习的有效组织形式，探索合作学习的个人和小组评价办法。

4. 邀请教育专家莅临我校现场指导教学工作。青州市教育局夏永军副局长、邢玉河主任、各学科教研员多次来我校进行工作指导，提出改进意见。潍坊市教科院刘景昭、耿帅、李宏绯等领导也来我校深入课堂听课、评课，对教师的课堂教学工作指导，极大地推动了我校的小组合作学习推广工作的进展。

5. 举行教师沙龙，搭建交流平台。学校实施教师沙龙活动，参加实验的教师周一至周五分 5 个教研组定期参加研讨沙龙活动，及时反思，交流心得，增强问题意识，建立问题台账，从教学流程的各个环节上发现问题、研究问题、解决问题，立足实际进行创新，旨在进一步健全以"反思教学、行动研究、互动参与"为特征的校本研究，以解决项目推广中存在的突出问题为突破口，使每一位教师都成为项目研究的参与者、实践者。

例如，在 2007 年 10 月 24 日的语文科教师沙龙中，有多位教师提出，在小组学习过程中，有些同学只注意发表自己的见解而不注意倾听，影响交流效果。针对这一问题，大家展开讨论，经过两次沙龙，学校制定出了交流的规则：①先独立思考或小组讨论后再发言，不要信口开河；②尊重别人的发言，善于倾听，不随便打断别人的发言；③当遇到有多位同学与你一起抢答时，要学会谦让，给别人一次展示的机会；④别人对你的发言有疑问时，要耐心解释，以理服人。

一段时间后，小组交流取得了令人满意的效果，但新的问题又产生了，那就是对小组合作过程和学生合作表现缺乏一套系统的监控机制。针对这一问题，课题领导小组不光是组织实验教师在沙龙上讨论，而且在全校贴出招贤榜，征集小组评价的方法，然后对评选出的优秀方案进行奖励，再组织全校教师分组进行研讨、整合，最后制定出一套较为完善的小组评价办法。主要包括课堂教学、课后作业和单元检测三大模块，课堂教学中的小组评价又包括个人自评、小组自评、组间互评和教师评价四部分，平时主要以小组自评为主，个人自评和小组评价可以定期进行，在这个基本框架之下，各科可以根据科目特点实行不同的计分办法，最后根据小组总成绩进行奖惩。课堂评价注重学生的参与面和每个学生投入学习的积极状态以及学习效果。课堂评价和小组评价要以学生为主，师生共同参与。这样就建立起了一套全面、科学而又有激励性的评价机制，成为小组合作学习的导向。

6. 及时总结，奖优罚劣。

以校长为组长的项目领导小组以项目推广工作为重点，紧抓该项目工作不放松。除采用制度上倾斜、物质上奖励等措施引导鼓励实验教师积极进行项目推广工作之外，还适时地对该项工作进行阶段性总结，表彰表现突出成效显著的教师，授予他们"课改标兵""学校名师"的荣誉称号，对在该项工作中表现懒散、持应付态度的教师领导小组会安排工作小组的成员"蹲点"，到这位教师的课堂进行听课和指导，安排这位教师到其他表现好、效果好的教师的课堂进行学习。这些措施都极大地促进了项目推广工作的进展。

同时，学校对小组合作学习表现优秀的班级和小组也予以表彰。每学期分两次评选小组合作学习"优胜班级"，每班评选二个"优胜小组"，授予优胜班级的班长和优胜小组的组长为"学习标兵"称号，这极大地调动了学生参与合作学习和小组管理的积极性。

三、项目推广的成效

（一）创建了自主课堂不拘一格的多种模式

一年来，在学习、借鉴和推广小组有效合作学习的过程中，我们经过努力探索和不断完善，逐渐形成了具有我校特色的不拘一格的自主合作学习型课堂模式，我们将其概括为"自主课堂一二三"。

"一"即"一个核心"，让孩子们快乐学习。在自主合作学习的过程中，以全面提高学生素质为目标，尊重学生的主体性和主动精神，激发学生的学习兴趣，鼓励学生主动参与、积极展示，敢于表现自我，唤起学生的求知欲，满足学生的成就感和荣誉感，放弃心中存有的学习压力和负担，真心体验学习的快乐。

"二"即"自主、合作"两大主题。教师根据新课程标准和教材要求，精心设计学案，课前将学案发给每一个学生，让他们依据学案事先预习；明确学习目标和学习重点，课上让学生通过自主学习、合作探究去发现问题、解决问题，总结归纳规律性的知识等。在这一环节中，既有学生的自主学习，又有学生的合作交流，培养了学生的学习习惯和团队精神。

"三"即"三有"课堂——"有趣、有序、有效"的课堂，这是我们追求的理想课堂。尽管新授课、复习课、讲评课三种不同课型采用不同的自主合作模式，但课堂追求的目标一致。

新授课一般按以下几个环节进行：①依据学案自主预习；②小组交流合作探讨；③质释疑释、教师导学；④自主展示、目标落实；⑤检测反馈、总结提升。

每个环节完成如下要求。

①依据学案，自主预习。依据学案预设的问题情景，学生自主解读文本，自悟自结，明确学习目标和重点、难点，圈点记录，为下一环节的交流探讨准备问题材料。

②小组交流，合作探讨。学生将第一环节圈点记录的材料交由小组合作探讨，先"一对一"交流，再"二对二"交流探讨，对仍然有疑问和未解决的问题由整个小组或全班讨论。

③质释疑释，教师导学。对上一环节全班讨论的问题各小组总结消化，对有异议、有价值、难理解的问题提交教师，由老师作指导和讲解，启发学生思考、学会分析。

④自主展示，目标落实。学生通过自主合作完成学案预习提示的问题和再生的问题后，紧扣目标和重点，学生分工展示，达标训练，由其他学生分别评价或集体评价展示效果。

⑤检测反馈，总结提升。课堂结束前5分钟，自主完成学案上教师预设的检测题，组内或组间交流、点评、打分，然后反馈给学生本人，由学生课后进行总结和反思。

当然，学校并不要求所有学科采用相同的模式，我们根据各学科特点，灵活运用和创新，比如英语新授课又分为读写课和听说课，数学又分为概念预习课、习题巩固课等。

复习课是指在章节体系内容完成后，利用2节课时间完成章节或单元内容的复习。一节课由学生自主复习、小组合作交流，对该章节内容进行归纳总结，组内学员相互检查提问，评价释疑。另一节课由各小组的正副组长任选一两个组进行交叉交流、检查，或由值日组长、教师进行抽号问答，设问题抢答。

讲评课是指年级学科单元测试试卷的讲评。教师阅完卷后给各个学习小组进行综合评价，将试卷发放给各小组学员，再由各个小组进行自改、互助，合作完成本小组学员试卷上存在的问题，将重点问题、难以解决的问题，展示在黑板上，由其他小组学员和教师作讲解、点评。这是对前期小组自主、互助学习效果的进一步检验和学习目标的进一步落实。

在以上多种课堂模式的各个环节进程中始终贯彻"鼓励性评价，让学生感受学习是快乐的"这一核心，落实"自主、合作"两大主题，完成"能力锻炼、素质提高、情感体验"这三大目标。

（二）教学常规和评价机制有了突破性变革

1.备课方式与考核评价。

自主合作学习型课堂要求每位教师从新理念出发，认真备课，设计出适合学生能力培养、终身发展的教学方案。反思传统的备课方式，缺乏实效：多数教师机械抄写教案，应付检查；教研组不能发挥集体备课的作用。我校在构建自主互助学习型课堂教学改革实践中对传统备课方式进行改革创新，注重实效备课，引导教师将主要精力转移到对教材的集体研讨、自主课堂流程的设计、学情的调研、学生互动方式的预置、导学策略的改进、教学的反思上，注重体现个体备课与集体备课相结合，提高备课质量。

具体备课要求体现在以下 7 个方面。

（1）以张扬学生个性、培养学生能力为本。学案的设计要体现人性化。做到以学生为本，体现学生主体学习地位，学案的设计重在落实学生自主学习、合作学习，重在调动每个学生的学习积极性，防止学生的学习活动流于形式，提高课堂效率。

（2）环节科学合理。学案的设计形式可多样，突出环节有以下 3 个：一是教学目标、知识点、重难点、迁移点；二是提出重点问题、有思维价值的问题；三是应对措施（突破重难点的教学环节、多元化、分层化次的作业设计等）。

（3）教案学案合二为一，先周备课。根据教学进度，同年级学科组长将备课任务先周分配到备课教师，备课教师要转换角色——当一回学生认真学教材，体现学生自主互助学习，弄清哪些问题由学生能自主完成，哪些问题须小组合作解决，哪些问题须教师指导和帮助，落实"三讲三不讲"，以便设计出更有效、生动的教学方案。

（4）集体研讨学案。每周至少一课时，同科教师共同研讨备课教师提供的学案，或集体质疑，备课教师解答，或由备课教师提问，其余教师出谋划策，在交流中达成共识，提高学案的质量。

（5）二次设计学案。

经过集体研讨，备课教师根据修改的方案进行二次备课，使教案（学案）达到最优化，然后打印分发给各任课教师。各使用教师还可以根据本班的实际情况进行修改，如进行环节的调整，待优生的照顾，教学情境的再创设等。

（6）教后反思。上完课后，教师要及时进行教后反思，及时总结经验教训以便纠偏，共同提高。

（7）集体备课的考核办法。学校把集体备课和个体备课的改革确定为构建自主互助学习型课堂的突破点之一，纳入教师考核，以同年级同科为考核单位，包括备课计划、备课分工明细表、学案质量、教学反思与修改情况、学案的实效价值，例如，是否有利于学习自主互助学习、是否有利于学生思辨能力备课方式的改革还时间给教师，还活力给课堂，还自主学习的能力给学生，真正提高了课堂教学效率。

2. 作业布置与检查评价。

传统的作业方式单一呆板，学生只能被动接受，既不利于实现学习的广泛迁移，又不利于学生的个性发展。课堂改革以来，我校严格遵守上级规定的学生在校时间，落实作业"轻负担"，学习"高质量"精神，变被动复习为自主预习性质的作业，改革作业布置及评价方式，提高学生课外作业的质量。

（1）目标作业。教师精心设计学案，使学习目标和要求以灵活多样的问题形式出现，设置问题情景，激发学生的探究兴趣。将学案提前发给学生，引导学生按学案中预设的学习目标去预习课文，自主学习，改变了过去的自学模式的呆板，实现了目标教学的"先学后教"。

（2）分层作业。尊重学生的主体差异和个性发展，注重因材施教。教师在设计和布置作业时根据学生的不同水平，设有必做题（基础题）和选做题（提高题），有的同学要全做，有的同学可以只做或不做提高题。这样，让每个学生的目标始终是跳一跳就能摘到的"果子"，让每个学生都能在不同程度上体验到学习的快乐。

（3）实践作业。注意将理论知识和丰富多彩的客观世界联系起来，在双休日、节假日布置实践活动为主的作业，如办一期英语手抄报，讲一则家庭故事，做一次人物采访，听一篇课文录音，组织一次智力竞赛。给学生搭建才艺展示的平台，让学生在玩中学，在学中玩，体现快乐学习的宗旨。

（4）作业批改的形式多样，以教师批改为主，少量辅以学生自批、学生互批，要求也要规范。掌握 4 个原则：及时批改，每次作业必须在下次作业布置前批改完，及时填写批改记录；积极评价，作业批改评价等第分为优、良、及格、须努力，对作业获优、良等级的同学实行组内加分奖励；有错必纠，有错误的作业尽可能加上批语，指出病因和努力方向，要求学生检录纠错本，记录和纠正错题；面批面改，每个学生每期面批面改不少于 2 次，对待优生适当增加面批面改的次数，通过单独辅导培养其学习信心。

3. 课堂组织与考核评价。

在以前"专制式"课堂上老师讲、学生听，老师是绝对的主宰——在秧田式座位的课堂教学模式下，老师更注重的是死背知识点，然后"填鸭式"地灌输给学生，学生没有话语权，只能被动接受，因此，学生也容易丧失对学习的兴趣。

现在教室里三面墙上都挂着黑板，学生分成小组围坐成圈。小组互助合作的学习模式引入课堂教学，深受学生欢迎，也使得学生学习兴趣大大提高。现在教室里不再是传统"排排坐"的座位排列，而是学生被分成五六个小组，每个小组成员围坐成一圈。教室的三面墙均挂着一块黑板，黑板上按照小组数划分出相应的区域，上课时，各小组可适时有成员到黑板上答题，展示讲解、辩论，大大改善了课堂气氛，极大地调动了学生参与学习、主动探究的积极性。

学生"团团坐"以后，老师不得不走下讲台，走进小组间，走进学生中，这就促使老师彻底改变原来的教学方式，通过富有创意的课程设计让学生自己找到答案，让课堂气氛适应座位方式的改变，让学生可以交流，让课堂上有感情的涌动，更多地调动学生的学习积极性。

实行"组圈"后，老师的教学难度和压力比原来更大了，他们要想尽办法设计具有本学科教学特点、适合学生交流的活动，调动学生的学习积极性。学习中，各小组间互相评价、打分，形成竞争机制，课堂气氛异常活跃，学生们的思维方式也得到了扩展。"学生被分成小组后，课堂表现按照小组计分，每周评出优秀学习小组。这种教学模式，激发了学生的参与和竞争意识，调动了学习积极性。"学校七年级六班的秦兰华老师说。这种教学模式同时也带给教师更多压力，教师需要彻底改变原有的教学方式，通过富有创意的课程设计让学生开拓思维，找到答案。

"团团坐"给学生带来了什么变化？

从形式上说，座位摆放方式改变了，更容易交流了。组织小组协作学习，它的好处是很明显的。①对优秀学生来说：得到了学会帮助别人的机会；学会了以自己的力量完成工作；使自己具有影响力，得到被感谢，被需要的体验；提高自尊感，改变自己的形象；得到使用自己知识的机会。②对后进生来说：享受到个别学习和学习目标实现的喜悦；得到了有人帮助自己的喜悦；学习上获得成功；得到勇气和支持，提高了学习的信心，感到自己的价值。

"现在上课和小学时的区别太大了，过去都是老师在前面讲，我们听，有时容易溜号。现在大家能互帮互助地学习，回答问题时我也不紧张了。"七年级二班学生王莹说。

从深层次上说，组圈式座位配套的是任务型教学法，即老师根据教学内容设计一个任务，让各小组成员互相协作找到解决方案，这就要求小组成员间必须多多交流。讨论结束后，各小组要派代表在课堂上总结自己组的答案，学生的话语权在课堂上得到尊重，老师不再是课堂的主宰。同时，各小组间形成竞争机制，有一个人落后就会影响整个小组的成绩，小组成员间就必须互相帮助，共同进步。在这个过程中，有些同学身上自私、挑剔的个性在协作间受到考验，也逐渐得到了纠正，原来不爱与同学交流的学生也交到了好朋友。这种课堂组织形式的变化，培养了学生健全的人格，张扬了学生的个性，符合现代教育理论的要求。

4. 教科研活动与考核评价。

在推广小组自主互助学习型课堂教学改革活动过程中，我们除了加强传统的教科研活动外又结合新课改中突显的问题，建立起了一些新的行之有效的活动及评价策略。

（1）加强并完善了集体备课和教师沙龙科研活动，并纳入级部学科考核和教师个人业务考核。

（2）建立起了案例促教学反思教研活动，为增强问题意识，从课改试验的各个流程上发现问题，研究问题，解决问题，立足实际进行创新，学校又建立以"反思教学行动研究，互动参与"为特征的校本研究方案，以名誉奖励、物质奖励等考核方式，鼓励一线教师将课改过程中遇到的突显问题写成案例分发给教师进行研讨、交流，在互动参与中共同认识和分析问题、解决问题，人人针对案例反思个人教学，共同提高课改质量。

（3）定性集中评价和教师民主评议相结合，促教师发展。学校为推动课改的顺利进行，规定每一位任课教师每周一节开放式课堂，每学期举行一次观摩课，由学科组长和工作领导小组成员跟踪课堂听课，根据课堂性质、小组互助合作学习的表现，进行评课和评价；其他教师特别是同科教师可随意抽选该教师的一节课或几节课进行听课，做好听课纪录，并写出课堂评语和评价分数，交教务处存档，每学期进行一次总结，作为该教师的课改课堂的评议结果，纳入教师考核。

（4）实行课题带动策略，创设教师专家式研究。我们的理念是：关键问题就是课题，解决关键问题的过程就是研究，参与研究的本身就是成果。在此理念指导下，我们实施课题带动策略，从课题选择、立项、方案制定、过程管理、研究方式、结题评审、成果发布等方面制定相关措施。实施中课题组可以采用多种方式或以学科组、年级组、教研组为单位，或以三五人结成"志同道合组"，当课题组研究出现瓶颈时，上网与名校专家或者骨干进行交流、研讨合作，群策群力完成课题研究。

（三）小组合作学习取得了显著的成果

1. 广大教师在借鉴潍坊五中小组合作学习成果的基础上，加强小组建设，在如何分组、如何评价方面结合我校的实际情况做了更加深入的探索和实践，我校组建学习小组更加科学合理，小组评价更加科学规范。

例如，初一六班制定了如下小组建设方案。

组建学习小组时，教师对学生的分组进行了认真研究设计，使各个小组总体水平基本一致，以保证各小组开展公平竞争。遵循"组内异质，组间同质"的原则进行，分组时小组成员在性别、个性特征、才能倾向、学习水平、家庭背景等方面存在合理差异，以便学习时发挥各自的特长和优势。将小组成员按学生成绩进行编号，公平得分到各个小组中，同时兼顾男女比例和兴趣相投的同学进行适当调整。目的是进行小组评价时，各小组之间能达到公平。共分为6个小组，每组8人，每个小组又分成2个小组，每个小组的1号，2号是各组的组长，每人负责3名同学所有情况。

小组建成后，明确小组合作学习的目标和责任分工。在小组合作学习过程中，各成员应有明确的合作学习目标和具体的责任分工，每人在组内有不同的角色，如组长、副组长、记录员、纪律监督员等，并不定期地互换角色，保证每个学生的参与积极性。小组成员各司其职，各担其任，使合作学习有序又有效地进行。在这里，值得提醒的是：小组合作学习目标是小组成员共同确立的学习目标，是小组成员共同努力的方向。这就要求小组成员不仅要努力争取实现个人目标，更要分工协作，帮助小组其他成员共同达到预期的合作学习目标。

再如，数学科张建国老师制定的评价办法在加强学生组内自评互评、组际自评互评的同时，也注重课堂评价、作业评价和平时检测评价相结合的综合评价。

每组一张表格（表1），由小组的3号同学负责纪录，根据小组成员回答问题和到黑板展示的情况分别给1、2号加1分，3、4号加2分，5、6号加3分，7、8号加4分。一周后由组长汇总本组总分交给课代表，由课代表将各组得分记录在教师评价表中。这样做目的是防止个别学生包办本组同学的发言，并且促进差生的学习积极性，帮助差生进步。

表1　课堂评价表

	1号	2号	3号	4号	5号	6号	7号	8号	得分
周一									
周二									
周三									
周四									
周五									
周六									

　　每组表格（表2），由各组5号同学负责检查其他组成员的作业完成情况（1、6组互换，2、5组互换，3、4组互换），优秀的加5分，合格的加3分，不合格的得0分。一周后由副组长汇总分数，交课代表，最后课代表将各组成绩汇总到评价表中。

表2　作业评价表

	1号	2号	3号	4号	5号	6号	7号	8号	得分
周一									
周二									
周三									
周四									
周五									
周六									

　　平时检测评价：根据课堂检测成绩，将小组成员的平均分计算出来，排出名次，第一名至第六名分别记6~1分。

　　2. 我校在加强研究和实践如何组建、评价管理学习小组外，注重学生合作意识和技能的培养。

　　（1）培养学生合作意识。

　　①开展一些小组竞赛活动，如组织"六人七条腿"比赛活动，激发学生合

作意识，逐步将合作意识内化为学生的学习品质。

②在班级中利用一定时间开办学习方式专题讲座，向学生宣传各种先进的学习方式，介绍小组合作学习方式的优点，一般的操作策略，使学生产生自主、合作、探究的欲望。

③建立长期合作小组，这是最基本的条件。只有经过长期的合作学习之后，使学生感觉到我们是一个学习小组，我是这个小组的一员，潜移默化地培养学生的合作意识。

（2）教给学生合作技能。让学生认识到技能的价值并且让他们清楚技能的具体表现，然后鼓励学生在生活中练习使用该技能，同时，在课堂中为学生提供练习该技能的机会，最后，检查学生在小组活动中使用该技能的情况并鼓励他们坚持使用该技能。

要想有效地开展小组合作学习，应该教给学生一些基本的合作技能。比如，在小组合作分工学习时，要教给学生分工的方法，根据不同成员的能力，让他们承担不同难度的任务，保证任务的顺利完成。在小组合作讨论、交流学习时，教给学生要尊重对方，理解对方，善于倾听对方的意见；有不同意见，也要等对方说完，自己再补充或提出反对意见；碰到分歧或困难，要心平气和，学会反思，建设性地解决问题。针对这些技能和品质教师要有意识地长期培养，潜移默化。这种长期培养，仅仅依靠课堂的训练也是远远不够的，我们更重视学生课后小组合作学习的延伸。

（3）发展学生自主能力。自主、合作、探究中，自主应该是基础。如果小组成员没有一定的自主学习能力，那么他们的合作也是无效的。因此，要想有效地开展小组合作学习，我们还应重视发展学生的自主能力。

3. 提高教师指导、管理合作学习的能力。

（1）调控、引导技能。由于学生自主学习的空间较大，课堂上出现意外情况的概率大增，教师必须精心考虑、周密组织，在实践中不断提高自己引导的水平。在进行小组合作之前，学校要求教师对学生进行适当的培训，激发学生合作的意识，使学生领会基本的合作规则，掌握基本的合作本领，这才使得大部分学生面对合作时不会无所适从。教师的引导作用主要体现在三个方面：知识指导、学法指导、组间调控。

（2）管理技能。在合作学习的课堂上，老师要对学生指导和协助，对课堂给予足够的管理和监控。教师要密切关注学生合作学习的进展情况，并适时适当地提供帮助。

教师要坚持"最少干预原则"，在确定小组全体成员都尽力方面仍不能解决问题时，才介入小组提供帮助；坚持"最小帮助原则"，每次只给予必要的提醒，不要包办代替。

教师在教室走动时不宜太快或太频繁，此外，要保持对全班每个小组的关注，可以在小组旁边适当停留，但是逗留时间不宜过长，否则会忽略了对其他小组合作学习开展的情况关注及问题解决的需要。

（3）善察学生合作需要。教师在进行课堂教学时，要善于观察学生的合作需要，有选择地让学生进行小组合作学习。对于那些学生力所能及的问题，让学生独立解决，那些力所难及的问题，则让学生合作解决，而那些力所不及的问题，则需要教师引导解决。

（4）注重教师自身参与。教师既要组织学生开展丰富多彩的学习活动，引导学生进行自主、合作、探究，又要与学生合作，共同解决学习中遇到的困难。因此，在学生小组合作学习时，教师做到自身参与，一方面能及时了解学生的学习进程，另一方面给学生一种无形的期望，激励学习积极讨论、交流，提高合作的效率。

（5）教师要设计适当的课堂问题。问题的设计要符合学生学情，配合教学进度，难易适中，灵活多样。对于较难问题的讨论，学生往往会偏离教学，或者无从下手，使合作学习徒有虚名而走过场，不能发挥合作的真正作用。同时，讨论的问题也不能简单化，无讨论价值的最好不予讨论，教师不能为了活跃气氛而提出一些不值得讨论的非常简单的问题。合理分配好时间可以保障学生有充足的时间去探索、讨论和交流，充分让不同层次的学生都参与，都有一定的收获。

善于设计探究性问题。中学生好奇心强，喜欢探究，好表现自己，设计探究性问题就是要让学生探究知识发现的过程，有了发现，学生总爱向老师和同学炫耀，这是适应学生的心理特点。合作探究满足了学生这一需求。

设计开放性问题。对于开放性的问题，学生能通过自身的知识、经验、阅历、素养等进行个性化的解答，合作学习给学生提供了一个交流的机会，搭建了一个展示自己，了解别人的平台。

设计矛盾性问题。在教学中通过设计矛盾的问题，引起学生认识、情感、生活经验等的矛盾冲突，使学生产生欲动的心理。学生身心的成长与发展的过程，其实就是不断克服自身矛盾冲突的过程。这时，老师及时地让学生进行合作探究，正切合学生的心理需求，能收到合作的高效。

小组有效合作项目推广研究工作的开展，极大地提高了师生的素质和技能，提高了课堂效率，成效显著。

（1）增强了研究的气氛，促进了教师的专业化发展。教师管理课堂的能力大大提高，授课水平进步斐然。

（2）小组合作学习给全体学生提供了较为充分的独立思考、自主探究的时间和空间，营造了自由、宽松、和谐、生动的学习环境，创造出一种真正意义上的尊重学生的创造性、相信学生潜能的学习氛围，调动了不同层次学生学习的积极性和主动性，增强了学生学习主体参与的意识，把学生切实地推向学习的主体地位。

（3）小组合作学习激发了学生的创造潜能，让每位学生参与及亲身经历知识的形成过程。小组合作学习为全体学生提供了展现自己聪明才智的机会，不同程度地满足了学生"发现者"的心理需求。在这样的合作交流中，相互促进、集思广益，学生对知识挖掘的深度和广度得以拓展，对教材内容理解更为深刻，记忆更为牢固且应用自如。

（4）小组合作学习培养提高了学生的交际能力。小组合作学习是同学之间互教互学、彼此之间交流信息的过程，也是互爱互助、情感交流、心理沟通的过程。小组合作学习中的活动任务分担与成果共享，相互交流与相互评价，使学生体验到一种被他人接受、信任和认同的情感，这就为学生社会化程度的提高、交际能力的培养、自我意识的发展提供了充分的条件。

（5）小组合作让学生获得了类似科学研究的体验和技能，进而培养了合作能力和团队精神。集体研究是小组合作学习的主要方式，由小组成员分工合作，共同完成课题或项目。小组合作学习就是"用类似科学研究的方式，主动地获取知识、应用知识、解决问题的学习的活动"。因此，学生在合作小组中，通过与同伴共同努力来确定目标、制订方案、收集资料并进行分析处理，寻求问题的答案或结论，这一合作过程，既是类似科学研究的体验过程，更是学生之间能力、情感、心理不断调整互补、互动统整的过程。这种合作，通过相互启发、激励，发展认知能力，对一个人的合作能力与团队精神的形成也具有奠基作用。

（6）小组合作学习实行后课堂效率大幅提高，学生成绩大幅提升。学生合作意识、合作技能提高，学习兴趣增强，思维水平大幅度提升。与对照学校相比成绩进步明显。

四、存在的问题与反思

　　小组合作学习使课堂教学的气氛得到了活跃，切实提高了课堂教学效率。但是实践中发现，目前的小组合作学习或多或少地还存在一些问题，比如，怎样才能与其他人进行有效的合作？怎样才能有更充裕的自主思考的时间？怎样使优生有更广阔的成长空间？教师如何做到适时调控、收放自如？总之，小组合作学习是新课程所倡导的一种新的学习方式，在促进学生间的情感交流、互帮互学、共同提高、发挥学生学习的主动性方面起着积极的作用。为把潍坊五中的成功经验进一步推广和落实，进一步完善我校建构的"自主、互助、学习型"课堂，我们将继续加强小组合作学习的研究，努力探索，不断提高课堂教学的实效性。

　　（该项目 2008 获得潍坊市第二批重大教育教学问题行动研究成果三等奖。2010 年 5 月，课题《小组合作学习有效性研究》通过潍坊市教科所鉴定结题）

提高在线学习效率的策略

摘　要：保持积极的身心状态，掌握良好的自主学习方法，进行及时合理地评价，搭建学习共同体，提高线上学习效率。

关键词：在线学习；积极心态；方法；评价；共同体

面对突如其来的疫情，为了学生们的身体健康，学校"停课不停学"实行网上在线学习。虽然线上学习的环境和氛围与在校学习有很大差别，但是有老师们精彩的"空中课堂"课程以及好的学习策略，会帮助学生们事半功倍的。

一、保持积极的身心状态，是提高学习品质和效率的前提

教学的环境和方式的改变，学生学习的方式和方法也要"随机应变"。每次网课前，同学们应该给自己积极的心理暗示，告诉自己："停课不停学"，上网课也是上学，只是学习的方式不同。线上学习是挑战，也是契机，只要积极面对，就一定能克服各种困难，取得优异的成绩，甚至实现弯道超车。

居家学习不像在校学习，学习环境相对比较随便。要从心理上克服可以随随便便学习的想法，需要有较强的学习仪式感。一是固定学习地方，保持书桌整洁，只要条件许可，能在书房里学习坚决不要在卧室里学习；二是着装整洁，暗示自己我是在上学了，能穿学生服最好，坚决不穿睡衣学习；三是姿态，一旦开始学习就要像在学校课堂里一样，坐姿端正，一本正经；四是对分心的事物说"不"，坚决抵制游戏的诱惑，坚决不一边学习一边吃零食，坚决不随意走动……

二、掌握良好的自主学习方法，是提高学习品质和效率的根本

1. 学会时间管理。

同学们要在家长们帮助下根据学校老师已经排出的线上教学课程表，拟定自己的作息时间表，然后按部就班，有条不紊，把握好生活节奏，从容、高效地投入学习。

2. 学会自主学习。

学习本来就是学生自己的事，唯有自己学得的、习得的，才是属于自己的。抓住时机，自主学习，超越自己获得成长。自定目标，自拟计划，独立思考，自主探究，自我测试、自我评价。不断增强学习信心、学习热情、学习能力、学业成绩。

3. 专心听、认真记、善于思、敢于问。

专心听，就是倾听老师讲、倾听同学发言。认真记，就是记课堂笔记，要记重点，要记得准，记得细。善于思，就是思考。"学而不思则罔"，课堂上如果不善于思考，老师的课讲得再好，也不会有好效果的。因此，课堂上不仅要积极地想，而且还要善于想。敢于问，就是学生要勤于问，敢于发表自己的见解，敢于暴露自己的问题。巩固知识，及时发现问题，进行弥补。

4. 注意变换，搞好结合。

过长时间专注于一件事情，会变得疲劳、厌倦、迟滞。因此，要保持身心舒适、学习高效，还要注意"变换"和"结合"。譬如，动与静，坐与立，张与弛，劳与逸，线上与线下，电子与纸质，近观与远眺，独思与互动，文理体艺劳，听看思读写，变换交替、结合，如此这般，学习便觉得轻松愉快了。

5. 科学用脑，事半功倍。

学习是有规律可循的。尊重规律依靠科学，学习才能搞得好。在早上起床后和晚上睡觉前等时段，梳理知识，增强记忆，效果甚佳。

6. 及时复习、做好巩固。

第一时间复习和运用，也是提质增效的好策略。

7. 身心健康。和谐发展。

身心健康是成长发展的基础保障，没有强壮的身体和健康的心理，学习便失去了条件和意义。因此，务必要树立和谐发展、健康成长的理念，因地制宜，想方设法地坚持居家体育锻炼和心理调适，在不影响邻居的前提下，透透气吹吹风，做做操，蹓蹓步，练练拳，跳跳绳，也可以画画画，唱唱歌，跳跳舞，还可以做做饭，扫扫地，聊聊天，谈谈心……调动正面情绪保持积极心态，注意用眼卫生，增强免疫能力。

三、进行及时合理的评价，是提高学习品质和效率的保障

1. 评选优秀"小号手"。安排学生轮流当"小号手"，每天按时吹响起床号，提醒同学们按时早起，不做赖床的"小懒熊"。"小号手"负责统计学生

起床情况，为表现优秀的同学和小组点赞，督促赖床的同学早起。

2. 评选优秀课堂笔记。记好听课笔记是提高线上学习效率的途径，而做好听课笔记的评价则是保障学生认真听课的重要措施。评选时，要看学生的听课笔记是否详细，是否认真，是否有条理。

3. 评选每日"优秀学员"。综合学生起床签到、听课笔记课堂练习、当堂测试、作业的表现进行评价，以鼓励为主，以调动学习积极性为目的。

4. 评选优秀组长。较之于听讲、记忆等学习方式，讲给他人听和立即应用，学习结果的保持率要高得多，因此，做"小先生"辅导同学学习，是助人利己的好办法。小组长扮演好"小先生"的同时，督促、引导、模范带动小组成员共同提高，共同进步。

四、搭建学习共同体互助共进，是提高学习品质和效率的添加剂

学习，一靠自己，二靠同学，三靠老师。在自主学习的基础上，要积极主动地展开合作。一是建立网上学习小组，打造"积极互助"的学习共同体。一般来说，学习小组以 3~5 人为宜。可以是在校时的"原始组"，也可以根据特定学习任务和健身活动临时组建"线上学习组"。定好组规组约，积极互动和维护，开展及时、充分的展示、交流、讨论、评价、激励活动，争取做到小组问题尽量在小组内解决，不得已再求教老师。小组之间可开展学习竞赛活动，分享小组建设的经验做法。此外，合作学习也包括与老师和家长的合作。让学生知道，无论是学习问题还是心理问题，自己和小组解决不了的，要及时跟老师和家长沟通，不要不好意思，老师再忙也会想办法帮助你的，家长更不必说了。

"停课不停学"不是单纯意义上的网上上课，是对学生学习意志品质、学习习惯等多方面的历练。只要师生共同努力，注重学习与策略，就能提高学习品质和效率。

（本文发表在《教育论坛》2020 年第三期）

第二篇

班级管理篇

初一学生不适应问题解决策略

一、问题的提出

对于刚刚升入初中的初一学生来说，可谓面临一个不小的转折。面对增多的学习科目，面对众多陌生的老师，面对和小学不同的初中生活，他们在感到新鲜的同时，也感到紧张和无所适从，压力很大。许多学生出现了学习上的不适应，不仅成绩下降，而且还因此导致了情绪不稳定，自信心动摇，行为习惯变坏，甚至出现逃学、辍学、打架斗殴等现象，从而影响了正常发展和身心健康。

二、初一学生适应问题的原因分析

影响初一学生适应问题的原因是多方面的，归纳起来客观原因有：青春期是人生的一个重大转折点，也是心理断乳期与第二反抗期；科目增多、课程内容变化、学习方式的变化；教育教学本身存在的问题、对学生适应性的指导不够；家庭教育问题的影响等。主观原因有：学习习惯不良，学习动机不强，心理发展滞后等。一般来说，初一上学期客观原因对学生的影响较大，下学期受主观原因的影响严重。

三、初一学生适应问题解决的对策

初一是一个特殊的转折期，与其他年级的学生相比也有较大的可塑性，无论是思维能力还是个性品质等都易于培养。有针对性地对初一新生及早进行学习适应性指导和全面的心理健康教育，开发学生心里潜能，就能帮助学生较快适应新的学习生活，为以后的学习、健康成长打下良好的基础。

（一）帮助学生提高学习能力，尽快适应中学学习生活

1.激发学生的学习热情，树立自信心。

一个人的失败，其实质是自信心的丧失。一个人越是自信越会成功，越成功则越自信。反之，越是缺乏自信越会导致更深的自卑。对于初一新生来说，能否很好地适应初中的学习生活，关键是激发自觉学习的内动力，为学生树立

起学习的自信心。和学生一起分析自身的学习优势，分析初中的学习特点，激发兴趣，使学生从"要我学"转变为"我要学"。有了这种学习的自觉性，就有克服各种困难的勇气和动力，就能自然地适应初中的学习。

2. 引导学生制订好学习计划，合理利用时间。

在小学时，很多同学的学习都是在老师的安排下进行的，课外的学习最多的是按老师的要求完成一定的作业。他们还不习惯制订学习计划，还不会合理安排自己的时间。而上初中后，有计划的学习是获得成功的重要条件，课堂学习是有限的，而知识是无限的，所以必须引导学生合理地分配和充分利用可供自己支配的时间，聚沙成塔、集腋成裘。应引导学生制订一个详细的计划，这样有利于提高学习效率，增强自主学习能力和自我管理能力。在制订计划时，应指导学生考虑从学习实际出发，既要知道自己将要掌握的知识和能力是什么，又要知道自己可以利用的学习时间有哪些，更重要的是要符合自身的实际情况，目标不能过高或过低，过高则不能坚持下去，半途而废，过低则松松散散，反而不如没有。

3. 引导学生优化学习方法，养成良好的学习习惯。

中学知识量不断增大，而学生的思维方式也发生了变化，随着所学知识科目的增多和学科知识的丰富，教师在课堂教学中受到多方面制约，已不可能事无巨细，面面俱到，只能突破重难点。为此，必须对学生进行学习方法的教育，可以让班主任老师或有经验的老师进行"学法指导"专题讲座，也可以让学习成绩优秀的学生做"学习方法报告会"等。另外，任课教师在教学过程中要进行渗透式的教育，使学生认识到初中与小学学习方法的不同，让学生学会预习，学会听课，学会抓住重点，记好笔记；学会复习，学会独立完成作业，学会先预习，后听课；做到先复习，后做作业；先思考，后问别人。一旦学生掌握了好的学习方法，养成了良好的学习习惯，学习成绩就会得到提高。

（二）加强心理健康教育，关注学生心理健康

心理健康教育是一项专业性、科学性、应用性很强的工作，要求学校领导必须重视心理健康教育工作，全体老师积极参与，加强学习，提高对学校心理健康重要性的认识。

1. 坚持开展心理健康教育的原则。

（1）发展原则。必须以发展的眼光看待学生的心理，教育活动立足于促进每个学生心理发展而不是一棍子"打死"。

（2）坚持学生主体性原则。在心理健康教育过程中要承认和尊重学生的主体地位，激发和调动学生的自觉性和积极性，开发学生的潜能。

（3）相容性原则。在心理健康教育中，教育者与受教育者保持人格上平等、情感上相容，创造出无拘无束、相互交流的氛围。

（4）活动性原则。活动促进学生的心理发展，将心理健康教育渗透到形式多样的活动中，让学生在活动中有所收获有所提高。

（5）成功性原则。在心理健康教育中，尽量使学生获得成功的体验，促进学生自信心的提高、成就感的增强，激发学习的动力。

（6）协同性原则。在心理健康教育过程中，将心理健康教育与其他方面的教育有机结合、相互渗透，形成不可分割的整体。

总之，对初一学生的教育要坚持欲高先低、欲快先慢、欲深先浅、循序渐进的原则，通过教师和家长的共同努力，为学生创造一个良好的成长环境。

2. 开展心理健康教育的方法与途径。

（1）切实开设好心理健康教育课。要把专门的心理健康教育课程纳入课程体系之中，并以开设专门的心理健康教育课程为主线，使其与学科课程和活动课程紧密结合、相互促进，形成一种协同效应。这是加强心理健康教育、优化课程体系，促进学生身心素质全面发展的一条根本出路。心理健康教育课程依照心理健康教育目标，应包括学习辅导、人格辅导（包括人际交往辅导、情绪辅导、青春期辅导）、生活辅导和职业辅导等课程。初一根据本年级的特点侧重于学生适应问题的解决。心理健康教育课程，可以让学生理解、掌握更多的心理健康教育方面的知识，并运用它使自己身心健康，学会"自助"。

（2）充分利用各种途径加强宣传，增强教师、学生、家长的认识和解决冲突问题的能力。

①举行普及讲座及专题讲座。为进一步普及心理健康教育，心理教师要针对初一年级学生的心理特点及常见的心理问题举办专题心理讲座。例如，"新生入学适应问题漫谈"讲座的目的是使学生尽快适应新的学习生活；期中考试后举行"期中考后话归因"讲座，引导学生正视考试成绩，调整心态奋起直追。可以请校内外心理专家及心理教师给家长进行相关的讲座，如针对大众及家长的"如何与孩子进行有效的沟通"等讲座。学校政教处要与教研组一起，请专家或本校心理教师给教师们进行有关心理健康教育的重要性及初一学生的心理特点及对策的相关知识讲座，让每位教师从思想上重视学生的心理健康水

平，懂得运用心理学的方法解决学生存在的这样那样的问题，从而提高教育教学的成效。

②发放宣传海报、心理健康常识小报。结合初一学生的心理特点，针对学生中常见的一些心理问题及困惑，设计一些心理小抄报让学生及老师进行阅读。

③开展家长学校课程实验。现在潍坊市各初中的家长学校工作开展得扎实有效并走在了全国前列，无疑极大提高了家长教育子女的水平。一是就初一年级学生的心理特点及易存在问题进行讲解和分析，给家长一些方法上的指导。二是进行咨询活动。学校心理教研组可以举办现场咨询，与家长一起共同探讨孩子成长中的教育问题，必要时给予一定的指导，也可以设立家长咨询热线，家长可以随时与学校沟通和探讨有关问题。三是进行一系列的亲子活动或团体辅导。如利用家长学校的形式，让学生和家长坐在一块谈心交流。通过这些活动，家长和孩子的心接近了，冲突减少了。

④学校建立心理咨询室，配备专职或兼职心理健康教育教师。

集体辅导以全体学生为对象，关注学生的未来，注重预防和发展。要根据学生中的共性问题，确定集体辅导的主题，从而促进学生的成长。开设"迈好中学第一步""如何与新同学和睦相处"等小组辅导内容。

个别咨询针对少数学生有心理困扰的问题，通过指导性谈话、书信等进行个别辅导。对个别存在心理问题或出现心理障碍的学生进行认真、耐心、科学的心理咨询与辅导，帮助学生解除心理困扰快乐成长。心理咨询室要购买心理测试系统，对有严重心理障碍的学生进行诊断，并及时做好转化。

2008年潍坊市教育局安排了全市300多名教师进行心理咨询师培训，这无疑极大地提高了全市学校教师心理咨询能力。

(3) 从学校的教育教学工作出发，开展形式多样的心理健康教育活动。

①加强常规教育训练，培养学生心理品质。习惯决定性格，性格决定命运。抓好学生学习心理及学习习惯的养成非常重要。从升旗到两操，从正课到自习，从室内到室外，全方位督促检查，查学生的学习习惯、学习纪律、日常行为规范、文明礼仪，并做好督促整改。抓学生的养成教育，不仅培养了学生什么时间干什么事，而且也培养了学生你追我赶，奋勇争先的竞争意识和勤奋刻苦的学习态度，为学生的学习筑牢了坚实的基础。学生的生活有规律，学习有好习惯之后，最大限度地消除了学生在生活、学习上的矛盾，学生能够很快

适应新的学习生活。

②政教处、团委学生会、年级组一起开展丰富多彩的主题活动，促进德育与心育的融合。德育与心理咨询既有联系又有区别，但二者之间并不是相互独立的而是具有互补功能的。真正有效的德育与心育是在二者间的紧密结合中进行的，二者结合得越融洽，其效果越佳。要利用各种活动课、班会课、团队活动举办专题心理讲座、心理主题班会或相关的竞赛活动，对学生进行相应的心理健康教育，从而提高德育工作的实效性。例如，初一开展感恩教育，就是要让学生们学会感恩，心存善念，宽容待人，快乐成长。第一对父母感恩，第二对老师感恩，第三对同学（他人）感恩。可以围绕主题开展一系列的活动：主题班会，感恩教育征文比赛，演讲比赛，结合父亲节、母亲节设计的心理活动课"让爱驻我家""我当一天家""给爸爸妈妈的一封信""送给爸爸妈妈的礼物""献给爸爸妈妈的歌"，专题板报及感恩教育主题小抄报评比等。学生们不仅学会了感恩，师生冲突、亲子冲突大为减少，同学打架事件减少，学校内破坏公物的现象也减少了，家庭、学校气氛融洽了许多。

③开设心理图书室。心理图书室订阅心理教育的书籍和音像，供学生查阅和观看，从而提高学生的自我心理调适能力。

（三）调节班主任工作心态，促进班主任工作水平不断提高

1. 班主任岗前培训。班级管理培训，中学生心理特点、中学生常见心理问题及其对策、如何开好主题班会等知识讲座，如何增强班级凝聚力的工作辅导等。

2. 班主任经验交流会。召开德育会议，让解决新生适应问题比较好的班主任给全体德育工作人员介绍经验；安排个案讨论，让心理教师进行总结点评，进一步提高班主任的工作水平和成效。

3. 当班主任的知心朋友，帮助其调整心态，时刻保持良好的精神状态。班主任的工作任务非常地重、繁、杂，还可能遭到来自学生、家长的不解和抱怨，自己管好班级的同时还要备好课上好课，同时还要兼顾家庭，所以班主任压力都非常地大，时常感到烦恼、累、苦。特别是初一新生来自不同的小学，班主任承担着纠正新生各种不良习惯和养成良好习惯的重任。学校领导要向班主任们伸出援助之手，倾听他们的心声，引导他们排解自己的不良情绪，在班主任工作上给予指导，使他们能很快调整好心态，愉快地工作和生活。

4. 订阅相关书籍，促班主任成长。

四、取得的成效

帮助学生提高学习能力，使孩子尽快适应中学的学习生活；通过有效的途径维护学生的心理健康，学生的心理得以正常发展。心理困惑得到疏导，不良心理与行为得到矫治，学生表现出良好的心理素质。学习积极性高、思维活跃，学习上没有心理负担与压力，爱学、会学并富有创造性。个性健全发展，能够适应学校、社会的要求，完善自我。在此基础上，教学质量大幅提高。

五、操作应注意的问题

初一年级作为中小学教育管理的衔接时期，对学生的成长有着重要的影响。如果管理得当、衔接合理，学生就会很快适应初中生活，健康成长。特别是班主任老师在生活方面，应带领学生认真学习学校的规章制度，尽快养成遵守纪律的好习惯。要多看、多问、多跑，尽快了解学生的第一手资料，做到心中有数，及时辅导。要多与家长、任课教师沟通，尽量多地了解学生各方面的表现。

（本文曾发表在《学习方法报》2008 年 127 期 11 版）

利用班级日志实现学生自主管理

一、问题的提出

无论是班主任权威绝对化的"警察式"班级管理，还是班主任实行全权指挥的"保姆式"的班级管理，都会导致班级管理缺乏民主性，学生自主参与班级管理的机会很少，有悖于自主发展的教育思想。

"警察式"班级管理容易导致班级管理随意化、片面化，往往造成师生关系疏远，学校教育功能萎缩；而"保姆式"班级管理，常常使班主任面对纷繁复杂的班级事务和越来越难管理的学生，疲于应付，特别是面对屡禁不止的违纪现象和屡教不改的问题学生更是束手无策，甚至大动肝火。

二、实施策略

我们学校在实践中通过班级日志引导学生参与班级管理，潜移默化地教育学生，实现了班级管理的自主化和民主化，学生自我管理能力提高了，班级管理顺利了，从而有效地解决了班级管理的难题。

（一）实施前：建章立制、宣传发动

1. 抓好与班级日志相关制度的制定与完善。

师生共同参与制定班级管理制度，使学生产生强烈的责任感和使命感，让学生以主人的姿态出现在班级管理中，变被动为主动，学生更能自觉遵守各项规章制度。

班级规章制度的制定必须以党和国家的教育法规、政策为依据，符合学校和班级教育教学活动的客观规律，同时还应具有相对稳定性、强制性和易操作性。当然，随着时间的推移和客观情况的具体变化，可以在保证规章制度相对稳定的基础上，适时进行修改、完善，从而确保班级日志的运行充满活力。

2. 宣传发动学生，让学生认可并能接受班级日志。

学生只有接受了班级日志，其自我教育、自主管理才能成为可能。如果学生不认可，或者内心不接受，就会影响班级日志的管理教育功能。实施过程中时常出现班级日志记录人不认真记录、敷衍塞责的现象；也时常出现其他学生从正面或侧面影响班级日志的正常记录的现象（如好多班级日志记录中出现明显的擦拭涂改痕迹）。

（二）实施过程中，做好四方面工作

1. 记什么？——合理设计班级日志内容。

设计班级日志可以不拘一格。班级日志的内容主要包括出勤、纪律、卫生、课堂、自习、两操、就餐、午晚休、表扬、批评、重大事件、感想、建议等方面。

班级日志初期主要是详细记录出勤、卫生、作业、违纪现象等，是班主任了解班级情况，惩戒学生的依据。实施一段时间后班主任可根据班级管理的实际情况调整其内容，以班级中的每日大事、见解建议、值日心语等，取代了往日的违纪者姓名等，其惩戒依据功能逐渐减弱，变成了记录人与班主任、任课老师及学生的每日对话。

2. 谁来记？——科学安排班级日志的记录人。

（1）科学安排，确保记录真实情况。因为记录的是班级生活中的真实情况，要反馈给班主任和每位同学，学生的自尊心以及班级日志的惩戒依据功能都会促使违纪学生（特别是强势的违纪学生）从正面或侧面给记录人施加压力。因此班级日志的记录人可采用"班干部——学习组长——一般同学；多人——两人——个人"模式进行。开始时先由最负责的班干部带头记录，逐渐发展到小组长，再到一般同学记录；也可先有多人分项记录，逐步发展到两人直至个人全面负责记录。

（2）人人参与，相信每一个同学都能做好。让所有学生轮流记录，肯定会有部分学生的工作不尽人意，但是让每一个同学在承担责任时受到自我教育，体会到管理班级的艰辛，他们会更加自觉遵守班级规章制度。

3. 怎么记？——完善班级日志的记录要求。

（1）采用活页卡形式，根据预先安排的顺序轮流记录，每次一天。要求记录人细心观察，认真记录每一项内容，养成良好的书写习惯，展示一次最精彩的自己。

（2）为避免班级日志流于形式，要求每位记录人高度负责做好值日，必须记录真人真事，反映当天班级发生的真实情况。

（3）用心填写值日心语与大家分享自己的值班体会。互相交流感悟也是一种潜移默化的教育。

（4）人人主动保护好班级日志，每月一期装订成册，作为班级文化建设的重要部分。

4. 怎么用？——实现班级日志的最大管理效益。

（1）记录人第二天课前将班级日志交班主任批阅后张贴在班务栏里，公布记录情况和班主任留言。周末再由值周班干部对全周情况进行梳理归类，总结出做得好的地方及存在的不足，提出改正建议，交班主任阅存。

（2）对于班级日志中出现的个别问题，班主任可采用留言回复、个别谈心等方法，把看法和建议告诉学生；共性问题可利用下周班会课，集体解读班级日志，实现班级日志的教育及引导功能。

（3）在一些诸如违纪等问题的处理上，给学生们一个情感缓冲期。除非严重或紧急问题，不急于处理，给违纪学生反省与自我教育的机会和时间，这样也会适当减轻记录人的压力。

（4）学期或学年末班主任可将班级日志月装册作为奖品奖励给对班级有特殊贡献的学生留作纪念。这样，激发学生更加珍惜每次记录机会，更加遵守班规班纪，从而最大限度发挥出其教育管理功能。

三、实施的效果

（一）学生们这样记（部分学生值日心语摘抄）

"今天上午第二节是英语课，课堂上老师不停地咳嗽，我们都无法安心学习；好多同学都想让老师停下课来回家休息，但谁也没有说，因为怕说了也没用。这节课大家都积极回答问题，学得格外认真，连几个'英语盲'也似乎知道学习了。"

"最近中午午休纪律太差，个别同学大声喧哗，希望老师找一位更胜任的同学管午休纪律……希望政治老师上班对同学们要求严一些，避免有些同学上课不学习。"

"今天，我值日记录班级日志，感到特别不容易，希望各位同学都能体验到这种艰辛，要自觉遵守纪律，讲卫生，让班主任省心。"

"通过这次记录班级日志，我发现同学们都很支持、尊重我，这给了我极大的鼓舞，让我更有信心完成老师教给我的各项任务，我会努力做得更好。"

（二）班主任评价

"班级日志是架在老师和学生之间的桥梁，使师生之间关系更加和谐，班集体更加温馨。"

"班级日志培养了学生的主人翁的意识。"

"班级日志能够潜移默化地感染、熏陶学生，实现了学生的自我教育、自我管理，让学生养成自我反省的习惯，达到了'随风潜入夜，润物细无声'的境界。"

"班级日志提高了学生的自我管理能力、自信心等综合素质。"

（三）新闻媒体评价

青州在线、青州信息港、小学教师之家、网易新闻、潍坊传媒网资讯网、人民网潍坊专页、山东教育导报等多家媒体对此进行了宣传报道，并给予了很高的评价："学校通过班级日志引导学生参与管理，潜移默化地教育学生，达到了学生自我教育、自我管理的目的，有效地解决了班级管理难题，做到了教学双赢。"

四、反思及注意的问题

1. 实施过程中，要经常组织班主任、日志记录人、学生代表进行集体研讨，边研究边实践，用研究的成果指导实践；边实践边研究，在实践中发现问题、解决问题。

2. 要利用班级日志让学生自主管理必须转变班主任陈旧的管理理念。班主任当好顾问，是谋划者，走向后台，学生充当主角自主经营，走向前台；必须变班主任的"管、盯、压"为"教、扶、放"，变班主任一人操心为全班学生操心，变班主任全包全管为学生自主、自理、自律、自护。

3. 建立长效激励机制，调动学生参与的积极性，避免学生出现倦怠和麻木。

（本文曾获得潍坊市 2008 年中小学教育教学金点子成功案例二等奖；获得 2012 年青州市第八届人民政府教学成果二等奖）

班级管理实施 "有效积分" 的探索

摘　要：新时代的素质教育要求班主任对班级实施有效管理。因为有效的班级管理能够促进学生的德智体美劳全面发展。本文先是就超市积分兑换营销模式引发的思考谈起，随后就班级管理的 "有效积分" 进行了说明，最后就 "有效积分" 在班级管理中的作用进行了探索研究。

关键词：班级管理；有效积分；探索研究

班级管理对新时代的学生教育来说是门学问，管理得当到位，学生会有所作为，成绩会得到提升。这是由于新时代的小学生在家会受到多位家长的呵护，在学习、生活、纪律等方面有自己的个性特点；如果教师没有有效的管理办法来面对来自不同家庭的小学生，就会造成班级管理的秩序混乱，学生学习成绩大幅度下滑。鉴于此，班主任教师要按照素质教育和新课标要求，创新班级管理的思路，以学生为班级管理的主体，实施适合学生的有效的管理模式。近年来，笔者在班级管理中探索实施的以学生为主体的 "有效积分" 管理模式，取得不错的成绩，学生在学习成绩提升的同时，在生活、卫生、纪律方面都有所进步，进而促进学生的德智体美劳的全面发展。下面本文结合教学实践就班级管理实施 "有效积分" 谈以下观点。

一、超市积分兑换营销模式引发的思考

近年来，超市为了促销，大多给消费者办理了会员积分卡，并且对消费者购买不同的物品会有不同的有效积分。消费者拿着卡就会享受所谓的会员价等超市优惠待遇，并且不同的有效积分可以兑换价格不同的物品，很受消费者的青睐。顾客有时为了积分，不怕路途 "遥远"，也会到超市消费。随着越来越多积分会员卡的发放，超市的消费者越来越多，店面也越来越火暴。一开始笔者并没有在意，也随大流去办理了会员卡，随着时间的推移，积分卡上有效积分越来越多，去购物和换取的物品也增多。有一天去超市时突发奇想，把 "有效积分" 用于班级管理是否也能够收聚学生的 "心身"，激发学生 "购物"（学习）的积极性呢？能否在卫生、纪律方面让学生得到提升呢？于是笔者开始构

思"有效积分"班级管理，随后在班级管理上进行了使用，竟然效果很好。

二、班级管理的"有效积分"

1. 有效积分。根据超市积分的做法，我结合《日常行为规范》对学生的生活起居、学习情况进行量化记录，每周进行有效积分通报，每月进行有效积分兑换，学期结束按分数评先树优，十分公道，深得学生的认可，用于班级管理后成绩斐然，学生学习好了，在卫生、纪律等方面有了较大进步。

2. 兑换方法。在班级管理过程中，学生热衷于积分的原因就是有效积分能够给他们带来好处。对此我深有感触。一开始学生觉得新鲜，实施一个阶段后如果学生觉得单纯积分没有什么好处的话，就会放弃执行。为了纠正学生的"势力做法"，我们采取月兑换实物、"职务"的办法，学期结束兑换优秀称号、实物奖励的办法。

（1）兑换实物奖励。在征得学生及家长同意、报学校备案的情况下，拿出适当班费，购买文具盒、书包等实物奖励物品，实物奖品上都标有"奖"的字样，并告知学生一个月内只要积分达到一定的分值，均可拿奖品。当然，实物奖励会随着学生的进步不断进行调整和增加。这样的班级管理使学生有了"奔头"，有了目标，自然对自己有了约束力，学生学习就出现了你争我抢的局面。

（2）兑换"职务"奖励。虽说实物奖励能够有效"刺激"学生的学习和生活起居方面的纪律等，但对新时代的学生来说，他们对物质奖励不是很看重。于是，笔者就采用积分兑换"职务"的方式来调动这部分学生学习、工作的积极性。他们换取职务后，就会以身作则，自然积极学习，努力上进。比如150分可以兑换"小组长"，200分可以兑换"学科委员助理"，400分可以兑换"班长助理"、500分可以做"班长"，等等。

（3）评先树优。学期结束后，按照有效分数评先树优，先是学校的荣誉称号，后是县里、市里、省里的荣誉称号。由于这样的有效分数是学生日常学习和生活起居纪律、卫生等方面的成绩积累，学生按积分分割，没有"掺杂做假"，学生乐于接受，对于激发学生的学习是一种动力。

三、"有效积分"在班级管理中的作用

自采用"有效积分"管理班级后，每位学生都努力去争取分数，出现了学生学习争先恐后、作业认真完成的现象，班风班貌大有改观。纪律不用再刻意

要求，卫生问题得到根治。总之，班级建设和谐有序，学习人人争先。

1. 课堂学习氛围和谐有序。我们知道新时代的学生有个性，但大多数学生还表现得不错，只有极个别的学生喜欢争强好胜、上课说话、下课打闹，影响了学生的学习氛围，对想学习的学生构成一定的反面影响力，想学习的学生"喊苦"，教师"头痛"。实施"有效积分"管理班级后，喜欢打闹的学生上课时先是有所收敛，在多数遵纪同学的"带领"下开始安静地听课了，慢慢地成为常态，不再上课搞小动作，不再说话交头接耳，学习成绩也在慢慢提高。原先不能融入学生集体的学生开始向班集体靠拢，班级的风气有了明显的整体转变。不愿参加集体活动的这部分学生也能够融入班集体，参加集体活动，学生的整体面貌得到提升，在班内形成一种十分和谐、融洽的氛围，课堂学习环境得到改善，变得更加和谐有序了。

2. 学生的进取和自律意识明显增强。自从班级管理实施"有效积分"以来，班里的每个学生都在体会一分耕耘一分收获的快乐，并在这种快乐的激励下增强了进取和自律意识。新时代的小学生都渴望成功，都渴望得到同学和教师的认可，所以有效积分在表现对学生认可的同时进行兑换，迎合了学生的个性特点，能够极大地激发学生的进取心和自律意识。有的学生拿到带"奖"字的文具盒，另一个学生就会不服气，凭什么他能拿，我不行，心里有动力，有进取心，所以班上学生学习都争先进恐落后，人人都争当第一。日久天长，每个同学都会因自己的努力而获得大家的欣赏和肯定。班级就会形成积极进取的班风，就算是待优生也始终保持着积极向上的心态，勇攀高峰。现在实施积分管理的班级，同学都很在乎自己的积分，整个班级处在一种积极、健康、奋进的状态中，大家都在努力着、收获着、快乐着。

3. 学生的整体素质得到提升。2018 年 8 月，我国首份《中国义务教育质量监测报告》发布，肥胖、视力不良和睡眠不足是困扰学生整体素质提升的重要问题。"少年强则中国强"，这里所指的不仅是青少年的体质健康，还指学生的整体素质，关乎家庭幸福，关乎民族的未来。鉴于这种现状，在班级实施"有效积分"，可提升青少年的德智体美劳等整体素质。实施"有效积分"管理课堂以来，在学校学生有所变化的同时，在家和社会上都普遍反映学生爱学习、懂事了、在家干家务了等等现象，其他任课教师也说课堂纪律明显好转，上这样的课轻松愉快，学生的成绩与日俱增，远远高于其他班级。学生取得的这些成绩，获得的这些夸奖，又激起了他们的积极性，每个人的努力和进步使得班级形成了新的风尚，促进了班级良好、有序发展。

　　总之，有效积分管理班级能够对学生起到一定的激励作用，但也不可否认，分值的把握要客观公正，不能随便滥用，方能够更好推行班级积分制度，促进班级健康有序地发展，让学生能在德智体美劳各方面得到全面发展。

　　(本文曾发表在《华夏教师》2019总第142期，收录时有改动)

第三篇

家校共育篇

致敬家长

许文轩妈妈是一位特殊的家长，是你在孩子们心里种下爱好音乐的种子；也是你一次次为孩子们买书、定校服，做了很多无偿的服务，不厌其烦、有求必应；更是你带头组建起最有力的家委会团队，帮学校帮班级管理服务……你就是全班所有孩子的"许妈妈"。

为你的热心，向你致敬！

许文轩妈妈在给孩子们上音乐课

姜雨彤爸爸在阅读课上给孩子们讲故事

姜雨彤爸爸，你是最优秀的爸爸，你陪孩子读书，陪孩子背诗，陪孩子做作业。孩子有拖拖拉拉的毛病，考试总是做不完，你就给孩子制订各种时间表，帮孩子养成时间观念，起床几分钟，刷牙几分钟，吃饭几分钟……孩子的时间观念越来越强，彻底改掉了拖拉的毛病！孩子读书理解力差，你就和孩子一起读书，一起讨论……为了学会如何培养孩子，你还自觉学习育子课程。孩子在你的精心呵护下越来越优秀，从一个胆怯不敢大声说话，拖拖拉拉，因做不完题总爱哭鼻子的丑小鸭，变成了一只活泼可爱、爱唱歌、时间观念强、成绩优秀、美丽的白天鹅！

为你的责任、为你的优秀，向你致敬！

这是刘丞琳妈妈在给家长们分享育女经验，没有稿子，侃侃而谈，有理有据。我折服于你的语言逻辑思维和表达能力。其实，是因为你做得好才会说得好。这恰恰很好地诠释了一个优秀的孩子后面一定有一个优秀的家长的道理。在你的培养下，孩子逐步成长为全镇最优秀的孩子。一张张满分答卷，认真负责的管理，打破砂锅问到底的求知欲，"谁也别想超过我"的学习态度……

为你的优秀，向你致敬！

刘丞琳妈妈在家长会上分享育子经验

庄紫惠妈妈变身为"故事妈妈"给孩子们讲故事

还记得庄紫惠妈妈为孩子们讲过的故事吗？虽然孩子们还不太懂故事里的道理，但是孩子们慢慢会懂的。孩子们至今还是念念不忘，希望"故事妈妈"下次再来讲故事。你帮助孩子改掉了不专心、不细心的毛病，养成了良好的学习习惯，让孩子学习成绩越来越优秀。

为你的专业，向你致敬！

印象最深的是孟令宸妈妈为了我班研学活动让孩子记下更多的知识，你给所有的孩子每人准备了一个笔记本，你心里不光装着自己的孩子。你的孩子是班里最受欢迎的男生之一，是票选的优秀班干部。

为你的为人，向你致敬！

孟令宸妈妈在家长会上分享育子经验

庄壹斐妈妈很会教育管理孩子，孩子理所当然非常优秀，一直以来都是学习标兵，都是票选的优秀班干部。记得在一次研学活动中，孩子告诉我，你让她给每个孩子分两块糖，当许多孩子还在抢一块好吃的糖时，你的孩子已经学会了分享和给予，具备了乐于助人优秀品质。永远不会忘记，是她陪伴庄同学完成了一天的研学活动！所以你的孩子非常受欢迎，她带领的组员学习上总会有很大的进步。

为你的给予和分享，向你致敬！

庄壹斐妈妈在家长会上分享育子经验

冀以诺妈妈的讲话稿准备得非常充分，可以看出，你是一个非常认真的妈妈，所以孩子也非常认真。因为认真，所以孩子很优秀。家长是孩子的榜样。

为你的认真，向你致敬！

时佳盛妈妈喜欢学习，也很认真，当我拿到你给孩子整理的错题纸时，的的确确被"震撼"了。孩子有点好动，静不下心来，但是成绩一直很优秀，我觉得是受了你的认真的影响。每次作业都很优秀，确保了所学知识得到及时巩固，成绩也就非常优秀。

为你的认真，向你致敬！

付亦乐爸爸为了孩子上学得到很好的照料，让孩子妈妈放弃了一份工作。爸爸说孩子上学最重要，钱可以以后再挣，孩子上学错过了就晚了，我可以多干点多累点，这是最聪明家长的认识和选择。孩子也一步步越来越优秀，成长为一名学习标兵。

为你们的聪明，向你们致敬！

许雅晴妈妈教育孩子很专业，拒绝简单粗暴的教育方式，选择民主交流沟通的方式，做孩子的朋友，帮助孩子一步步成长为学习标兵。

为你们的专业，向你们致敬！

对于孩子的学习，时子涵妈妈是非常专注的。孩子情绪低落不愿学习时，你开导她；孩子学习上取得好成绩高兴时，你和她分享。祝贺孩子这么优秀，能够在众多优秀孩子中出类拔萃，期末全镇竞赛语文取得第一名，升级考试再次获得学习标兵。

为你的专注和专业，向你致敬！

庄芮雪妈妈，这是你在感谢同学们教庄芮雪背诗而发放本子和铅笔的画面，被我捕捉到了，这不是在作秀。你怀着一颗感恩的心对待生活，没有抱怨，也没有向祥林嫂那样不停地述说孩子的不幸遭遇去换取别人的同情，而是用超乎常人的耐心教会了孩子绘画和背诗。你总是怀着一颗感恩的心对待老师、同学及家长们，感激着我们应该所做的一切。感恩的人生活在快乐中，不幸的孩子生活在幸福中。

庄芮雪妈妈给孩子们发奖励

因为你的感恩，向你致敬！

时天渝爸爸总是在鼓励着孩子，用你的方式激励他不断进步。每当孩子学习有进步，你总会兑现你的许诺，陪孩子度过一段快乐时光，甚至于会放弃原有工作，只为更好地教育孩子。

为你的激励，向你致敬！

韩智涛妈妈是我邀约见面次数最多的家长，也是对孩子最有耐心的家长之一。这次是你向孩子要考试卷子三次没成功，便来学校帮孩子改错被我抓拍的照片。虽然有时你对孩子感到有点无奈和无助，但是你总是在为了孩子进步努力地做着，也常常向其他家长求助一些教育办法，因为你始终在努力地做着一个妈妈应该做的，

韩智涛妈妈自发到校陪读辅导孩子

69

所以孩子也在一点点地进步。让我们静等花开……

为你的耐心和持之以恒，向你致敬！

张潇逸妈妈帮孩子整理了改错题。你们总是千方百计地帮孩子更好地养成阅读和做作业的好习惯，所以孩子非常优秀，多次被评为学习标兵。

为你的坚持，向你致敬！

王怡博爸爸妈妈帮孩子整理了改错题。我知道你们为了培养孩子良好的学习习惯，让孩子有更多的改变，你们做了很多，效果也很明显。孩子在升级考试总结表彰获得优秀学生时，因不满意自己的成绩哭了。这一哭我倒觉得你们是成功的，因为孩子具备了很强的学习积极性和上进心。

为你们的努力和成功，向你们致敬！

家委会成员第一次集体出镜

家委会成立了，感谢你们一年来为自己的孩子、为所有孩子所做的一切。许文轩妈妈、孟令宸爸妈、庄紫惠妈妈、庄壹斐妈妈、时天渝爸爸、刘益彤妈妈，你们是优秀的家长，培养了优秀的孩子，是你们的优秀带动了全班的优秀！

为了你们的优秀，向你们致敬！

家委会的成员不管家里多忙，都会坚持到校值班，进课堂听课，观察孩子们学习，向学校和老师们建言献策，做好家长和学校的沟通。

为你们特殊的奉献，向你们致敬！

家委会成员轮流到校进课堂

每一个重要的日子你们都和孩子在一起，每一次荣誉时刻你们都一起见证，陪伴在孩子们的成长道路上！

向你们致敬，向你们中的每一个家长致敬。一年了，每一次家长会，你们都不曾缺席；每一次分享育子经验，你们都会毫无保留。而对于老师的不足之处从未计较。这一年，我们真的就像一家人，为了一个目标，抱团前行，给我家人般的感觉，我的工作很开心！

为你们的理解和支持，向你们致敬！

2018 年家长课程

"教育是什么？教育是一棵树摇动另一棵树，一片云推动另一片云，一个心灵唤醒另一个心灵。"为促进家长教育观念的更新，帮助家长掌握家庭教育的知识和方法，为子女成长营造良好的家庭教育环境，使家长积极配合学校教育工作的开展，11月17日上午9：00—11：00，根据教育局安排学校开展了这次家长课程学习活动，我们二年级二班也如期举行了学习活动。

本次家长课程，根据学校安排我以《牵手两代》为依托，组织观看导课视频，主要课题是向家长讲解该如何关注孩子的学习，以及如何家校联合教育孩子等各种方法。本次家长课程开课的课题是"如何提高孩子的学习动机"和"孩子注意力不集中怎么办"。

为了更好地教育孩子，家长们对今天的家长课程很是期待，他们早早来到教室，等待着专家讲课的开始。期间家长们更是聚精会神认真听讲，一边听一边记，非常投入。

家委会主任许文轩妈妈下通知组织了这次家长课程，这位家长模范为这个班各项工作带了好头，做了好榜样！我和全班同学谢谢你！

家委会主任在家长课程讲课

孙艺玮全家参加家长课程

看！这些是我们班优秀的妈妈们（庄壹斐妈妈、时佳盛妈妈、时子涵妈妈），看看她们记得多认真！

这次家长课程派出最强阵容的是孙艺玮家庭，爸爸妈妈全来了，一个听，一个记。有了这样的态度，孩子的学习也一定会越来越棒的。

庄紫怡妈妈记得多认真，有了这么好的榜样，女儿一定会越来越优秀！

王怡博妈妈也很投入，难怪王怡博同学这段时间进步特别大，无论是学习还是读书都让家长很满意。

姜俊宇的爸爸妈妈很会教育孩子，在他们的培养下，孩子养成了很好的学习习惯。"做不完作业不吃饭"的学习态度更是激励了我班的孩子努力学习。

还有刘益彤妈妈和张潇逸妈妈也是一边听一边记，非常认真。

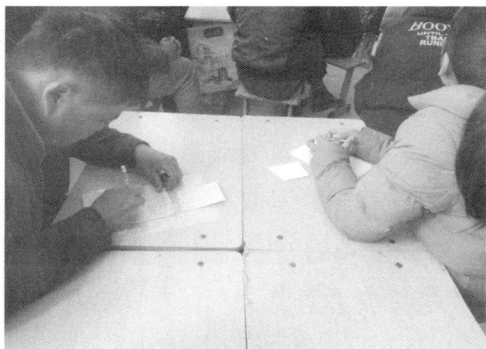

姜雨彤爸爸认真做笔记

不光是妈妈们，看看这位教育专家级的好爸爸也是非常认真地听和记，他一定会结合自己的思考有更好的教育方法！

最令我感动的是，时成铭妈妈第一个来到学校，克服困难，抱着小孩也是一边听一边记，相信家长这样的拼劲一定会有回报的。祝时成铭同学越来越进步！

令我感动的还有冀以诺的爸爸妈妈，家里虽忙还是一块来学校听课，家长这样重视学习，难道还培养不出爱学习的孩子？

还有李泉廷爸爸、韩智涛妈妈、许雅晴妈妈、庄紫惠爸爸、庄玉芹爸爸、丁俊淇妈妈、付亦乐爸爸等进入家长课堂参加了学习。相信家长都会有很多的收获，教育孩子的能力一定会大有提高。有了优秀的家长才会有优秀的孩子！

相信家长们会越来越优秀，同学们也越来越优秀！

亦师亦友　润泽桃李
——在全镇青年教师大讲堂上的报告

一、做学生喜欢的老师

（一）做学生喜欢的老师，首先要让学生喜欢上你的课

做学生最喜欢的老师，讲学生最喜欢的课，是每个教师都追求的目标。课堂是老师教育教学的主阵地，同时也是展示教师教学魅力的舞台。一个教师最能吸引学生的是他的教学艺术，教师的教学艺术风格最能体现教师的个性魅力。在课堂上，教师既要恰当发挥自己的才智，又要尊重学生，做到以学生为主体，才能使学生更喜欢你。

（二）做学生喜欢的老师必须学会激励学生

做学生喜欢的老师必须爱学生。当我们面对学生时，尤其是那些似乎充满缺点的学生，如果能尽量发现他们的优点，然后真诚地、慷慨地去赞赏他们，就会激发他们内心深处的希望和信心。激励一定比批评有效、持久，激励可以从小事入手，每时每刻都去激励学生。要善于挖掘学生的闪光点，两眼紧盯学生的闪光点。

我使用积分管理建立起激励的长效机制。在班级管理过程中，我逐步培养学生干部发放积分，统计积分，兑换奖品。积分除了评选"星光少年""月光少年""阳光少年"外，还可以参加抽奖、兑换实物、兑换"职务"，学期结束兑换奖状、优秀称号等奖励。

1. 兑换实物奖励。在征得学生及家长同意下，我购买小红花、漫画书、文具盒、书包、本子等实物奖励物品，并告知学生，一个月内只要积分达到一定的分值，均可拿奖品，实物奖品上都标有"奖"的字样。当然实物奖励会随着学生的进步进行不断的调整和增加。后来好多家长捐赠奖品。因为这样的班级管理学生有了"奔头"，有了目标，自然对自己有了约束力，学生学习就出现了你争我抢的局面。

2. 兑换职务奖励。虽说实物奖励能够有效"刺激"学生的学习和生活起居方面的纪律等，但对现在的小学生来说，他们对物质奖励不是很看重，于是我

就采用积分兑换"职务"的方式来调动这部分学生学习、工作的积极性，他们换取职务后，就会以身作则，自然积极学习，努力上进。比如150分可以兑换"小组长"，200分可以兑换"委员助理"，400分可以兑换"班长助理"，500分可以做"班长"，等等。

3. 评先树优。学期结束后，按照有效分数评先树优，先是评选学校的荣誉称号，后是评选县里的荣誉称号。由于这样的有效分数是学生日常学习和生活起居纪律、卫生等方面的积累，学生按积分分割，没有"掺杂做假"，学生乐于接受，对于激发学生的学习是一种动力。

（三）做学生喜欢的老师必须爱学生

教师的爱如同阳光普照大地，如同雨露滋润万物。做学生喜欢的教师要能够以宽广的胸怀博爱每一位学生。但是，爱并不意味着迁就放松，而是严而有爱，爱而从严。只要充满爱，学生们一定会喜欢。我认为，学生最关心的是教师对他的看法如何，最大的愿望是受老师的关心和喜爱。

（四）做学生喜欢的老师要关注每一个学生

爱学生必须关注每一个孩子，让不同层次的学生都得到激励和发展。特优生我通过设立收藏状元卷奖激励他们考满分；中等生和中等生比，设立进步奖……我曾经教过一个有智力缺陷的学生庄同学，开始时因生活无法自理辍学回家，第二年到我班时也没学会写自己的名字。后来，我通过家访了解到孩子喜欢画画，我就一直鼓励她画画。我鼓励她每天画一张画，然后贴在教室里，期末时我让同学们把她的杰作全部张贴在教室，隆重地办画展。

（五）做学生喜欢的老师要注重仪式感

生活需要仪式感，同样在教育活动中，老师也要给学生一定的仪式

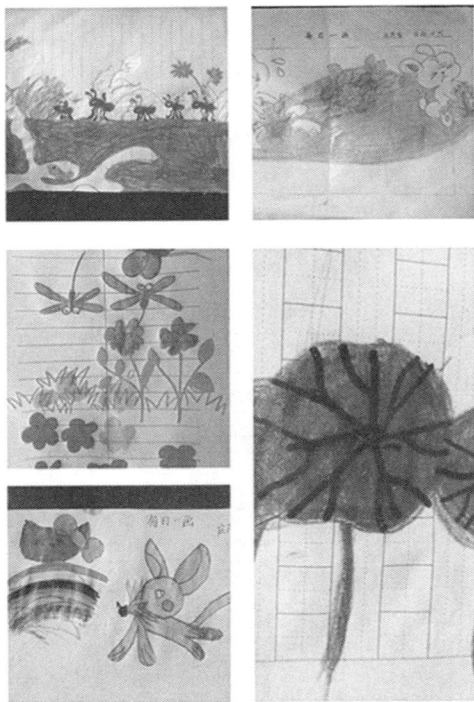

庄同学绘画集作品

感。仪式感是生活最好的兴奋剂，也是教育最好的助推器之一。在仪式中让学生对生活、对学习有所触动、有所领悟、有所行动。学生有了进步，发张喜报，写封表扬信，拍张照片发给家长，学生们都很高兴！

二、做好家校共育工作

现代学校的工作千头万绪，压力巨大，而只有把家长的力量引进来，最大限度发挥家长的作用，才能把教育办得好。唯有如此，才能破解"5+2=0"之现象。家长和老师从来不是一对不可调和的矛盾，而应是教育孩子战线上的同盟军，劲往一起使，才能促进孩子健康成长。

（一）充分利用家长课程提升家长的教育能力

1. 让家长成为家长课程的主角。有时家长可能是"教育的专家"。遇到问题时，家长更倾向于向优秀孩子的家长请教。我和我班学生家长们基本上每月约见一次，召开家长交流会，会上基本上都是家长们交流经验。一开始时我会提前通知要发言的家长，帮他拟定一份发言提纲，后来就不用我帮助，大家都讲得很好了。

2. 家长课程一定给家长留下充分的交流时间，消化的时间。家长会发言结束后不要马上宣布会议结束让家长离开，要留下时间让家长互相交流。通过互相交流让家长消化吸收，更有利于提升家长会的效率。

举办家长沙龙，进行专题交流

3. 家长会可以开进学生家。可以就部分学生确定一个主题，召开一个主题班会。确定一个榜样学生，到学生家召开家长会。这样既激励了榜样学生，又营造了不同于学校氛围的家长会，可谓一举多得。

4. 举办家长沙龙，召开主题家长会。将班级近期出现的问题，发到家长群，确立一个时间举办家长沙龙，家长们就会就这个问题开展讨论交流，商讨解决策略。

家长的家庭教育能力提升了，我们的教育威力就强大了！

家校共育案例一

家校合力培养孩子自主管理作业

初一学生 A，学习成绩一般，经常不做作业。作为班主任，我常常听到任课教师抱怨："这孩子要是认真做作业，成绩一定会好很多！"出于责任心，我叫家长来学校了解情况，以便商讨对策共同解决孩子的作业管理问题。家长态度很好，一直说孩子交给老师了，让老师多操心教育好孩子。自己本身没文化，也没办法教育孩子好好学习。我明白学习本身是一件枯燥的事情，很多孩子不想写作业，讨厌写作业。而农村孩子家长大多知识文化水平不高，教育孩子能力有限。针对这种情况，我和家长做了深度交流，让家长明确，得家长和老师共同努力才能解决孩子的问题。然后我们一起制定了解决方案。

大多数孩子会排斥写作业这件事，除了做作业真的是一件费力又费脑的苦差事之外，还有一个重要的原因——当家长催促孩子做作业时，他大脑接收到的信息其实是：被命令、被控制。当家长命令孩子写作业时，他已经本能在抵抗了。当一个人发自本能地去抗拒一件事情的时候，取得良好结果的概率也就微乎其微。所以，我们发现孩子对待作业并不积极时，不要第一时间指责，而是通过观察、留意，找到根源，帮助孩子共同管理好作业。

管孩子学习就像推车。小孩子低年级时，家长管的办法好用。随着孩子年龄增长，家长"管"的水平不变，孩子力量在不断增强，家长一定会感觉孩子越来越难管。要让孩子懂得学习应该由自己来负责，自己的作业自己管。把孩子这辆车装上动力马达——自己跑！家长只做司机，负责引导。

（一）开始时"孩子管——家长督"双轨制

1. 家长放手，但要在背后提供足够支持。具体有以下几种做法。

①家长指导帮助孩子列清单——作业清单。

②设置底线，当孩子想放弃时，家长就要督管。

③孩子做得好时，家长及时表扬强化。

④孩子在写作业的时候，家长不要来回走动，大声喧哗，也不要玩手机或者看电视，给孩子建立一个相对安静、独立的学习小天地。

2. 老师指导学生学会做作业的科学方法。具体有以下几种做法。

①每天通过微信交流等方法和家长沟通当天作业内容。

②帮助学生建立作业记录本，确保不遗漏作业内容。

③指导学生先做自己喜欢的、最容易的作业——快速启动法。

④指导做完一门作业就在作业清单上打"√"，不断激励自己完成越来越多的作业。

3. 学生积极主动做好自己的作业。具体有以下几种做法。

①作业清单要自己列。把自己喜欢的作业，自己认为简单的作业列在最前面。

②做完一门作业就在作业清单上打"√"，不断激励自己完成越来越多的作业。

③和家长签订协议，当自己做不好时，让家长监督、提醒、惩罚自己，比如做适当的家务。

（二）循序渐进，让孩子完全自主管理

持续 3～5 周后，慢慢地过渡到以孩子自主管理作业为主，慢慢发展到孩子自己管理自己的模式。

需要注意的是，我们要把主导权交给孩子。对于计划的每一部分，充分尊重孩子的想法，认真聆听孩子这样制定的原因，家长们从旁协助就可以了。

这样做的好处是孩子会更有参与感，而且当他们完成任务时，会更有成就感。

如果孩子当天效率比较高，提前半小时完成了，那这段时间是他可以自主安排的，家长一定不要再给孩子安排其他复习或者多做个题之类的"额外作业"。但是孩子没有完成的话，就要按照协定进行适当的惩罚。

经过两个多月的努力，学生 A 逐渐养成了认真做作业的好习惯，学习成绩提升很快，也越来越自律了！

家校共育案例二

家校联手提升孩子专注力

一位初一学生 B 家长找我求助说："孩子上小学的时候特别聪明，学习成绩很优秀，四五年级却变得三心二意，上课没法集中精神，写作业也总是粗心大意，做事效率低，经常被老师批评，成绩也下降了很多。现在升入初中越来越差了！"

我听后心里觉得这事很麻烦，毕竟 12 岁已经过了注意力养成的最佳时间，现在想要改一定不简单。毕竟，家长抱怨自家孩子专注力很差，对此感到十分头疼的现象很普遍。

我没有流露出内心的感受，而是耐心地和家长分析了为什么孩子专注力不好的原因。要让家长确定孩子专注力不好不是病理性方面的问题，告诉孩子专注力不好的情况完全可以得到改善。我列举了以下几种可能影响孩子专注力的情况让家长参考，共同寻找原因。

（1）家长独断专行，粗暴打断孩子正在做的事情。有些家长性格比较自我，总是会打断孩子正在做的事情，影响孩子专注力，破坏亲子间的感情。

（2）家长的过度关心干扰了孩子。比如，孩子趴着看书，家长就直接将其纠正，影响了孩子的行为，久而久之孩子的专注力就受到影响。

（3）家长对孩子的无意"诱导"。比如，家长在一旁玩游戏看电视或者大喊大叫，使得孩子注意力转移，从而影响孩子专注力的维持。

然后，我和家长谈了一些家长教育孩子的原则：除非你被孩子邀请，否则永远不要去打扰孩子；孩子经常会很投入地去做些大人认为无趣的事，这恰恰是他们的优秀之处；如果我们不参与、不打扰，孩子在日常生活中的各种玩耍就是注意力高度集中和发展的好时机。培养孩子专注力的话题，其实是父母如何控制住自己，不去毁了孩子的专注力。孩子的专注力不是培养出来的，是保护出来的。

最后，我提供给家长如何培养和保护孩子专注力的几种方法，供家长参考。

方法一：让孩子在规定时间内分阶段完成学习任务，改定时为定量。

如果孩子能够专心完成，父母要给予一定鼓励，并让他休息 5～10 分钟。再以同样的方式完成下面的学习。当孩子能够做得很好时，可逐步延长一次性集中做题的时间。

要求孩子在审题的过程中，自己把题目的要求、条件用笔勾画出来，防止走神出错。这些都可加强孩子的自信，让他感觉"我能自觉集中精力做好一件事"。

方法二：平时多鼓励，不干扰孩子做他喜欢做的事情。

当孩子做完作业专注于玩游戏忘记了吃饭时，父母尽量不要干扰孩子，而是耐心地等他完成。要知道，孩子沉浸于他的兴趣时，就是在无意中培养自己的注意力。

方法三：要尽量减少对孩子唠叨和训斥的次数，让孩子感觉到他是时间的主人。

教孩子学会分配时间，当他在相对短的时间内集中精力做好功课，便有更多的时间做其他事情。孩子学会自己掌控时间，有成功的感觉，做事会更加自信。

方法四：营造一个有利于集中注意力的家庭学习环境。

孩子的书桌上，只能放书本等相应的学习用品，不可摆放玩具、食品，文具要简洁。孩子的铅笔盒功能越简单越好，铅笔和橡皮也要造型简单，功能单一，避免孩子把它们当作玩具来玩；孩子学习的时候，更不能有电视机、电话等声音干扰；父母也尽可能不在孩子学习时进进出出，大声干扰。

其实，说到底，要让孩子专注、独立，家长少说话、多观察、暗中保护就对了！说得太多了，表面上是担心、爱护，实际上是干扰、招人厌烦的絮叨！

我和家长又沟通过几次，也反复培训过学生几次，都反映比以前好多了。家长慢慢放手，把管教转变为帮助，孩子会慢慢地变化。家庭教育中要想孩子转变首先是家长要改变！

家校共育案例三

家校携手，帮学生克服考试焦虑症

初三学生 C 家长向我求助时讲了他孩子的情况："孩子从小学到初二一直很听话、很优秀。自从升入初中后，我就告诉他要努力学习，一定要考上重点高中。偶尔一次考试不好训训他或者打两下，下一次一定能考好。孩子很听话，怕耽误学习，不让他跟同学们玩他就不玩。升入初三后，最近考试成绩都很不理想，怎么训也不管用。问他则说自己头痛，晚上睡不着，甚至彻夜难眠，还不爱吃饭。"

我判断这学生是有了考试焦虑症。很多中学生在考试前很长一段时间会有焦虑情绪，自信心差，出现头痛、失眠、多梦易醒、食欲不振、心悸盗汗、脾气不好等症状，严重影响复习和考试成绩。

我耐心听完家长的陈述，郑重地告诉他这问题很严重，解决不好影响很大。我把我的想法和他做了沟通，然后和家长商量制定了方案。

我找学生聊了聊，他陈述："我一听到考试就心里害怕、烦躁，浑身出虚汗。看看有的同学在超越我，我的内心压力更大，很担心自己因为成绩下降被别人瞧不起，辜负了父母、老师的期望。"

我故作轻松地告诉他这现象很普遍，也很好解决。为了能帮他解决问题，我和他一起梳理了一下可能导致出现考试焦虑的原因。

1. 学生过分看重考试结果。

学生将考试成绩作为衡量自己一切好坏的唯一标准，考试就成为他的压力。把考试看得过分重要，导致他在学习和考试过程中容易出现不必要的担忧，脑中总也甩不开一个念头："我能考好吗？考不好怎么办？"这种对考试结果的担忧，很容易导致焦虑的产生。

2. 家庭的影响。

家长以孩子考上重点高中为有面子，过分强调重点高中的好处，"考上重点高中才能考上名牌大学，将来才能有好的工作""学习不好就会找不到工作"等类训斥，加重了学生的内心负担。

3. 学校的影响。

学校过分强调考试成绩的重要，对优秀学生的"重点培养"，过度关注增加了学生的心理负担。强烈的预期加上"考不上重点高中怎么对得起家长？"的道德绑架，让学生背上沉重的"十字架"。

4. 周围同学关系影响。

初中生特别在意同学对自己的看法，怕在周围同学眼中，自己考不好，觉得无法面对同学。

5. 应挫意识与应挫能力不强。

学生平时比较顺利，学习优秀，学习成绩一直保持优势。进入初三，课程增多，学习任务加重，知识难度也在增大，对初三学习的困难估计和认识不足，遇到考试失利就手忙脚乱。

一、让孩子勇敢面对考试

我先和学生进行了交流，告诉他，自己是解决问题的关键。

（一）要建立正确的输赢观

1. 关注考试过程。

如果只关注输赢的结果，就容易怕输。要关注考试的过程：考得好，问自己"如何做到的？"考得不好，问"怎么输的，如何才能赢？"

2. 注重试卷改正。

分数很重要，但卷子更重要。拿到试卷要分析：哪学得好？盲点在哪儿？哪要提高？

3. 关注成绩，忽视分数高低。

成绩本身是有用的，通过成绩检验学的过程、方法，找到学习盲点，一次成绩仅是终身学习中的一站。

（二）利用波谷的力量

波谷是孩子成长的关键期，是积蓄力量准备更好地成长。当自己一次成绩不好的时候，告诉自己我的波谷期到了。目前是自己暂时没获得优秀，要进一步反思自己该如何获得优秀，要制订切实有效的改进计划，坚持按计划做好该做的事情。

（三）建立免疫机制

1. 重新制定学习目标。

目标过高就会实现不了，导致焦虑产生。应该重新定位自己，切合当前的实际，制定一个自己通过努力可以达到的目标，安排好每天具体的学习计划，从每天的点滴进步中获得成功感，逐步提高学习效率和成绩。效率提高了，自信心也开始增强。

2. 积极参加课外活动。

活动中可以发泄焦虑，可以忘记焦虑，自己要多参加集体课外活动，敞开心扉，加强与同学的交流。

3. 学会应对家长的教育管理。

家长的期待只是家长的愿望，我们要理解他们的良苦用心。但是，学生要正确应对家长的教育，出现冲突时要用合理的方式与家长沟通。告诉家长自己的感受，让家长理解支持自己。

二、让家长学会放心、放手。

我和家长再次相约，当我告诉他是家长造成孩子目前的状况时，他平和地点头同意。我给了他更多的支持，让家长放心孩子能够走出来，放手让孩子独立成长。

第四篇

教学随笔篇

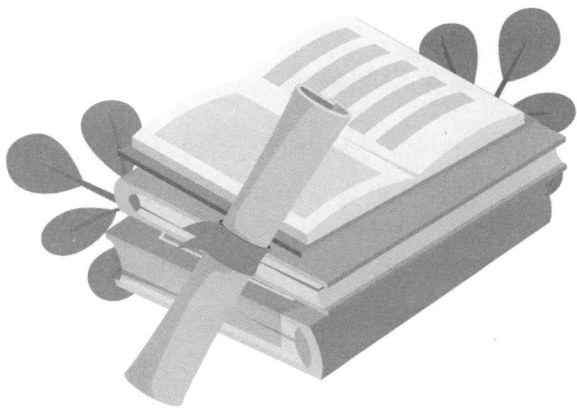

听课反思

听历史老师陈红的课，是一种享受。她的课很流畅，师生交流好像没有什么阻碍。简洁的语言，亲切的教态，鼓励性的评价，完全是一种和谐、民主、平等、愉悦的师生关系。好像没有学生讨厌她的历史课，学生都喜欢她，还有谁会讨厌她的课呢？喜欢她的课，学习起来谁还会感觉吃力呢？感觉每个学生都学得会、学得好！师生的双边活动，不再是单纯的问答交流，更是思维的互动，心灵的互动！还有什么比让学生愿意学习更重要？

一、是教学目标还是学习目标？

呈现给学生使用，作为学生学习的标准就应是学习目标。学习目标的设计应该要求具体而明确，根据课程标准恰当地表述，例如，"记住……""理解……""说出……"，用行为动词表达出来。目标要分为知识目标、能力目标、情感目标。

二、既重视知识的拓展，又培养学生学科能力

日本发动"九一八"事变，是为转嫁世界经济危机而发动的侵华战争。联系当时世界形势，学生会更好理解当时背景，也为学生初三历史学习做好铺垫。

三、要培养学生爱国情感

日本发动侵华战争，烧杀抢掠，无恶不作，曾犯下滔天罪行。首相参拜靖国神社，为侵华战犯招魂；篡改教科书，掩盖侵华历史；右翼分子更是嚣张。我们在警惕日本潜在威胁的同时，该干些什么？要让我们的孩子记住历史，记住日本侵略者犯下的滔天罪行，激发学生反对侵略、保家卫国的爱国热情。

课堂教学反思

学校要举行公开课，我也参加了。

好久没有举行过公开课了，难免信心不足。但是凭着多年观课议课的经历和指导青年教师讲课的资本，也没有很紧张。认认真真看了看教材和教学指导参考书，从网上下载了几个课件，匆匆整合了一下就站上了讲台。

首先，问题出现在导入新课上。我预设引导学生回顾我国统一的多民族国家形成和发展的历史，让学生认识到"民族团结"的重要性，从而导入新课。通过回顾历史，①让学生认识到各族人民共同创造了中华民族的历史；②回顾文景之治、汉武帝盛世、光武中兴为代表的秦汉昌盛的文化，以及以贞观之治和开元盛世为代表的繁荣的隋唐文化，对比魏晋南北朝时期经济萧条，文化落寞的史实，让同学们明白一个历史真理："和则兴"。——只有民族团结，国家统一，社会安定，才能繁荣昌盛，人民才能安居乐业，让学生进一步懂得民族团结的重要性，自觉增强民族团结意识。也为后面让学生理解为什么实行民族区域自治做好铺垫。可能是这样的导入太烦琐，也可能是学生的前置知识储备不太好，我感觉一直没有把学生启发起来。导入环节占用了5分多钟的时间，效果还不好。糊里糊涂地完成了第一个框题，到第二个框题才逐渐进入状态。可见，没有很好的新课导入，不能较好地激起学生探究的兴趣，会大大影响学习的效果。

其次，过分依赖课件，完全打乱了平时上课自主、合作学习的程序，师生都有些不适应。多媒体教学技术的应用一定要根据实际情况，不能为了应用而应用。潍坊教科院一位资深语文教研员曾尖锐地指出，反对语文课使用多媒体技术也是有道理的。学生受"流水作业"播放学习的控制，严格按照老师预设的课件内容逐条学习，影响了自我感悟，影响了生成问题的探究等，忽略了学生的自主学习、合作学习。

再次，平时上课不使用多媒体，真到用时不熟练，出了一点纰漏，笔记本上的课件内容是投影到大屏幕上了，笔记本电脑却黑屏了。课前虽然已经向信息技术教师请教过了如何使用多媒体，但还是出了问题。怕再次出现新问题，就没有再调整。凭着记忆，借助大屏幕，进行着课件的操作，期间自然也出现了些问题，多次课件内容操作出错，影响了学生的学习，也影响了我的情绪。

　　当然，真正导致问题的原因是多年没有真正讲过公开课了。平时上课准备的工作不是很到位，甚至有时一点准备工作也没有就上了讲台，这样的课堂效率能高吗？

和初一待优生交流发言

亲爱的同学们：

大家中午好！

今天我们聚在一起是不是会觉得很惊讶？因为和优秀学生们一起交流好多次了。其实，老师很早就想和你们说说心里话，初一阶段的学习即将结束，我觉得我们之间应该有一次好好的交流。时光倒退六年，你们上一年级时，爸爸妈妈给你们背上小书包去上学，所有的同学书包里装满了同样的东西，那就是爸妈乃至爷爷奶奶姥姥姥爷们的期望。那时，甚至五六年级时，大家都还觉得上学挺快乐，还有好多同学对自己很满意吧。现在到了初中阶段你们大部分同学，觉得学习上有很多困难吧？你们为此也努力过，但收获不理想吧？你们平时经常听到爸爸妈妈的训斥吧？你们觉得学习得很累、很苦、很没劲吧？你们有没有觉得自己很没用，再也找不到自信了？你们觉得学习很难，学好更难吧？你们觉得在班级里是"拖后腿的"很难受吧？为什么会这样呢？

可能你们很多人都是以"给父母学"的心态来学校读书的，后来觉得没必要读书，读书就是浪费时间还不如直接找份工作赚钱。不是已经有同学不来上学，帮亲戚收菜装车去了吗？因为你们还不满18周岁，不能成为正式的"打工仔"，只能帮亲戚干点杂活挣个零花钱。有的同学因为基础差，越学越不会；或者觉得读书很苦做作业很累，就慢慢厌倦了学习。下面我们一起分析一下，部分同学是如何慢慢地厌倦读书学习的。

第一，学习基础差。你们小学阶段基础薄弱，没有形成自身的知识体系，难以接收新的知识，越学越困难，自然就没有学习兴趣了。

第二，学习动力缺失。你们当中一部分学生头脑比较灵活，但是学习遇到困难就放弃，最重要的原因是学习动机不明确，学习动力缺失，仍然认为"边玩边学"就能提高成绩，不愿付出努力，对学习兴趣不足，缺乏主动性和积极性。在遇到困难时常常会退缩或者逃避，经常也表现为意志力薄弱，耐挫力差。

第三，痴迷游戏。我不反对玩游戏，我见过有的人游戏玩得好，学习成绩也好，只是他们不沉迷游戏，高度自律。我知道学校或家长对游戏一刀切的态度会让你们反感与叛逆，形成"越不让我玩我越要玩"的心态。我认为，只要你们好好与家长沟通，确定玩的时间和玩的次数，游戏对于学习的影响可能就是"正影响"。当然这一切的前提是在适度、有规划、有高度的执行力与自律的条件下进行的。

第四，"坏学生"拉拢。在青春期，年龄小，心智还不太成熟，容易受到外部条件的干扰。要么是为了寻求安全保护，入了伙就不会挨揍受欺负了；要么是被逼迫"下水"去吸烟、买烟……回过头来看当时"风光无限"的一些"牛学生"，现况都不是很好。他们大部分初中毕业就去工作，从事着简单重复的体力劳动。可以预知他们今后的人生状态可能就只能维持这个水平，所达到的高度也就这么高。

第五，陷入早恋。以我看到和感受到的一些东西来说，初中谈恋爱不会有结果，而且很多人都控制不了自己的情绪导致学习成绩大幅下降，更有甚者出现一些严重的后果。正确认知恋爱，并不是喜欢就要得到，就要表白，我觉得可以把这份"爱"放心底，默默努力变优秀，一起考入相同的高中和大学。而且，在你们这个阶段谈恋爱对于大多数人来说都是"互相伤害"，我觉得眼光长远一些，考虑这个时期谈恋爱的得与失才能帮助你们做出正确选择。

第六，短视频上瘾。我觉得这也是最严重的一个问题。抖音、快手、微信……生活中无所不在、触手可及的短视频已经成为"杀死"我们时间与精力最大的杀手。在看短视频刺激下，我们很容易对短视频上瘾，一刷就是几个小时停不下来。并且碎片化的时间被短视频占据会让我们心态变得很浮躁，静不下心来思考。

第七，学习习惯不当。你们学习低效，成绩落后，很多都是由于缺乏优良的学习习惯。没有良好的学习习惯和有效的学习方法，学习呆板、机械，对所学知识缺乏深入思考，所学知识零散无序，缺乏对知识间内在联系的把握。所学知识不能得到有效迁移，难以做到举一反三，无法在实践中运用新知。

以上总结了导致你们学习出现困难的原因。其实，这很正常，初中就是一个分流教育。一部分同学靠自身努力，将来用知识改变自己的命运；一部分同学要及早思考人生，做好人生规划，准备选择自己的未来。

现在就教大家几招，让自己摆脱困境，做一个活泼阳光的学生！

1. 阳光面对生活。面对困难和批评，不要意志消沉、情绪低落。要微笑面对同学，面对老师和家长。以后走上社会也要做一个阳光充满正能量的人。

2. 拥有自信、自尊。有了自信、自尊，就可以做成很多事。如果只是一味降低要求，你就会觉得别人在可怜你、在歧视你，你就会在别人面前抬不起头。

3. 做好自己能做的事情。不能在考试中考到"优秀"，但你可以争取考到"及格"；你不能考到"及格"，但你可以做到有进步。从现在开始，踏踏实实地做好自己能做的事情吧。

4. 持之以恒不退缩。多年的习惯一下子改了，肯定不是那么容易的，你们一定要对自己有信心，从一点一滴做起，今天能上课不说话，能完整地听一节课，能自己写一道数学题，能按时交作业，这样循序渐进，逐步改掉你们身上的坏习惯。我相信总有一天，你们会受到老师的表扬和家长的夸赞！不停地努力向前，遇到困难不退缩。请你记住，成功永远都是属于那些努力而不退缩的人。

5. 老师是你永远的朋友。虽然你们得到老师较多的批评教育，但是请你们一定要懂得，老师的批评意味着关心、提醒和劝诫，能够帮助大家反省自己，改进不足。你们一定要理解老师的良苦用心。老师都是爱你们的，是你们的知心朋友。当你们在学习上、生活上、心理上有了困惑、疑难时，你们可以大胆地请教老师，我们会真诚地帮助你。老师永远是你们的朋友。相信我们以后一定能和谐融洽地相处，轻松愉快地学习，健康快乐地生活！

好了，同学们解决问题的法有很多，有的也要因人而异，上面几招对你来说灵不灵，还要经过你的实践、努力才知晓。从今天开始，忘记以前的所有的成功与失败，所有人都不会在乎你的过去，只在乎你的今天和明天！

祝愿你们在今后的学习、生活中，进步！进步！再进步！

初一新生家长报告会

尊敬的家长朋友们，大家中午好！

欢迎大家百忙之中走进郑母初中参加 2021 级新生家长会。首先我要感谢大家，感谢你们选择了郑母初中，把你们的的孩子交给我们来培养，这是你们对郑母初中教育教学工作的认可和信任。

每一届新生家长见面会，我们都要和家长聊家校共育这个话题。有的家长认为自己的责任就是送孩子上学，一旦孩子进入学校，家长就如释重负似地将教育的责任全部推到教师身上，认为教育孩子只是学校的事，这是十分错误的。诚然，学校是专门教育人的场所，在培养人才方面起主导作用。但是学校教育必须有家长的正确配合，只有这样才能提高教育的质量，取得最佳的教育效果。一个学生没教好，对教师来说，可能只有几十分之一的遗憾；但对于一个家庭来说则是百分之百的失望。教育不仅是学校的事，也是家长的事，两者必须紧密结合起来，这就要求家长和学校、班主任保持密切联系，在教育学生这个问题上保持高度的一致性，这样才能有效地实施教育。

家校联手形成教育合力，我们学校责无旁贷地承担起孩子学习的组织者和服务者，家长们就要配合学校成为孩子学习的参与者、引导者和促进者。那么，家长该如何做好孩子的教育工作呢？

一、配合学校做好家校共育工作

（一）要了解学校、班级对学生的要求

只有了解学校对学生的要求，才能更好地配合学校教育孩子，以达到最佳的教育效果。孩子入校后要和孩子共同学习入学课程，详细了解学校的规章制度和要求，帮助孩子理解规则背后的教育意义，并提醒、帮助孩子遵守规则。

（二）要真正了解自己的孩子

我们农村孩子的家长都非常忙，很少了解孩子，关心孩子，只知道孩子吃完饭上学去了，却不知道孩子在学校或校外干什么，对孩子的学习和其他行为也不了解。对孩子全面了解并不是一件容易的事，要多与孩子谈话交流，了解孩子的思想脉络；也要向孩子的同学、老师了解孩子在学校的表现。不仅要对孩子在家的行为了如指掌，而且要对孩子在外面的表现全面掌握。这需要家长做大量的细致工作，注意观察孩子的言行举止，留意孩子的书包、笔记，经常与之谈心，多倾听孩子的意见和要求，做孩子的知心朋友，只有全面了解孩子，才能根据孩子的特点和需要给孩子以帮助和指导，引导孩子健康发展，不断取得优异成绩。

（三）要注意维护老师的威信

我们发现有的家长抵触老师，在孩子面前议论老师。常言道：亲其师，信其道。老师自身肯定也有不完美的一面，家长可以私下向老师建议，但切忌损毁老师的形象。我认为家长和老师最好是朋友关系。当孩子出现问题时，家长要先想想自己哪一点做得不到位，不要把责任都一股脑地推向老师，应该与老师一同商讨解决问题的办法，还应该与老师换位思考，应该想到班上还有其他的孩子，要理解老师工作的辛苦。更何况，老师面对您的孩子只有几年，而您的孩子一旦教育失败，您将面对孩子一生。如果破坏了老师的形象，降低了老师的威信，学生不听老师的话，还能再听谁的话呢？正确的做法是：不随便在孩子面前议论老师，特别是老师的不足，家长要引导孩子正确评价老师，要让孩子看到老师的优点，把老师的优点放大，缺点缩小。当然金无足赤，人无完人。老师的缺点还要指出来，要讲究方法，这就是最好的配合，不给老师树立威信，再好的配合也无从谈起。

（四）要培养孩子的集体荣誉感

家长应积极地支持学校的教育活动，时时处处要为班集体着想，为学校着想，密切配合老师共同教育好孩子。不要因为这类活动不适合自己的孩子就不参加，那类活动无意义也不参加。要教育孩子为班级争取荣誉，否则孩子将会变得麻木不仁，不求上进，丧失集体荣誉感，影响良好班风的形成，不利于孩子的成长。

（五）做好家校沟通

要做到正确配合，家长还要和老师密切联系，和老师讨论孩子的教育问题，虚心听取老师对家庭配合教育问题的意见和要求，并在家庭中配合落实。平时，孩子在家里发生的问题，也要及时和老师取得联系，交换意见，以便学校、家庭配合教育。如果遇到自己不理解、难接受的问题，要及时向班主任、甚至学校反馈，我们一定会给与答复，能解决的解决，不能解决的我们也会做出解释。

二、做好家庭教育工作

（一）搞好家庭教育，父母就要做出表率

实践证明，凡是父母爱学习、肯钻研的，孩子一般也会专心致志地学习；父母贪玩，不喜欢学习的，孩子的学习自觉性就差，因此父母一定要给孩子做好表率。在孩子面前谈话、做事，一定要注意分寸和对孩子的影响。父母的示范效应本身具有较强的教育意义，家长要主动地、有意地发挥示范作用，以使对子女的教育收到事半功倍的效果。

（二）搞好家庭教育，要重视亲子教育

孩子非常在乎父母是否全身心投入关注他们成长，有的父母虽然与孩子常年在一起，但不一定经常沟通。大多数父母以忙为理由，忽视亲子教育。父母的亲子教育应走在孩子的生理心理发展的前面，所以父母应全身心地投入孩子的教育，不断学习，提升教子能力，方可赢得孩子的尊重和爱戴。

（三）搞好家庭教育，要营造一种良好的环境

孩子学习要有一个好的学习环境，不求高档，但求氛围，学生学习的时候要避免不必要的家庭闲谈，朋友聚会等。

（四）搞好家庭教育，要对孩子关爱有度

有的家长过分保护，样样事情包办代替，不利于培养孩子生活自理能力，也不利于培养孩子独立生活的能力；有的家长过分宠爱，容易导致孩子以自我为中心，产生优越感，长大会目中无人，不合群。有的家长迷信"棍棒出人才"，整天对孩子没有好脸，孩子成绩差一些，不是训就是打，这样会使孩子心理老处于紧张害怕的状态，根本激发不出孩子的想象力。有的甚至产生逆反心理，你叫他这样他偏不这样，有意和父母对着干，变得更坏，这样的例子举不胜举。事实证明，过分溺爱、过分苛求或频繁的斥责打骂都难以使孩子形成健康的心理。

（五）搞好家庭教育，要加强安全教育

学生的安全工作关系到社会的稳定和家庭的幸福，关系到学校正常的教育教学秩序，是关系到千家万户的头等大事。我们学校的安全教育是高度重视、高度落实的。为确保学校正常的教育教学秩序，确保学生的生命安全，家长有责任必须积极配合。孩子有什么身体特殊情况，要及时告诉老师。对孩子加强交通、行走、饮食、用火用电、防坏人等各方面的安全教育。

1. 家长要经常教育孩子放学后不在外逗留，要径直回家，不接触陌生人。路上家长要带头遵守交通规则，横过公路一停二看三通过，不要跑。每天到校接送孩子的家长，接送时不要拥挤在校门口，根据学校的要求，在规定地点接送，请家长做好配合。

2. 请注意加强对孩子零花钱的控制。希望家长要控制好孩子的零用钱，不给孩子买奇装异服和昂贵的学习用品。不要滋生孩子的攀比之心，促进学生节约习惯的养成。

3. 要做好孩子的防溺水工作。防止孩子溺水，家长要教育孩子不私自靠近海边、水库、池塘、水井、石坑、河道等各种危险水域；不得私自或私自相约到水边戏水玩耍，捞取鱼虾等；不在没有大人陪同没有佩戴救生设备的情况下玩水上项目。

我坚信，有了你们的配合，有我校这批爱岗敬业、乐于奉献、充满活力、有爱心、有事业心的教师队伍，你们的孩子在以后三年初中生活里一定会健康愉快地成长。还有很多情况想跟家长深入探讨，鉴于时间有限，不能一一综述，我把余下的时间交给班主任，由班主任和你们进行沟通交流。

最后，敬请各位家长对我们工作的大力支持和配合，同时也请各位家长会后能留下你们宝贵的意见和建议，我们将不胜感激。

我再次代表郑母初中全体教师感谢你们，也衷心地祝愿大家：合家欢乐，身体健康，工作顺利！祝愿您的孩子在以后的日子里有更大的进步！

谢谢家长朋友们！

与课代表座谈交流

课代表是全体同学在学科学习方面的全面代表，是全班同学在该学科上成功学习的典范，带领全班同学实现对该学科的成功学习。

在实际教学中，教师可以通过课代表了解学生的具体情况，课代表能够把学生的需求、学生在学习中遇到的问题及时反馈给老师，让老师及时调整教学方法和策略。在实际教学过程中，课代表能够帮助老师完成作业的收发、布置、检查，甚至还能对学生的学习作出必要的提醒，甚至帮助老师对布置的任务进行检查、监督。

课代表是每个学科学习的带头人，课代表的学习必然受到很多学生的关注，这就必然迫使他们加倍刻苦学习，以起到真正学习"领头羊"的作用。

一、担任课代表的好处

1. 与相关课程老师接触机会增多，与该课程老师相对亲近。
2. 在心理上，由于是某科课代表，增加自己对该科的用功程度。
3. 锻炼自己学习与课代表工作的协调能力。
4. 向相关课程老师问问题便捷。
5. 增强与同学的关系。

二、课代表工作职责

1. 上课前课代表去询问老师是否有需要下发的卷子和作业，如果有，拿回班级并下发；是否有需要上课用的教具或器材，如果有，帮老师搬运到班级里指定位置。

2. 每天早上第一节和老师提前确认好，将要完成的学习任务写到黑板上。如果上课期间老师没有明确说明作业内容，下课后向老师确认当日作业内容，并通知学生。

3. 收作业，要统计好人数，收好作业，将未交作业的同学名单写清楚，问清楚同学没交作业的原因，及时和老师沟通一下；统计没交作业同学时要保证公平公正，不能包庇。

4. 传达老师特殊命令或者替老师下达其他任务。

5. 课代表在上课时应该协助老师维持课堂纪律，积极配合老师授课，并举手发言。

三、课代表的要求

1. 课代表首先应该做到以身作则、正直公正、积极主动、认真负责。全权负责本学科的一切学习任务。是班级中本学科的学习带头人和组织领导者。

2. 课代表应该有集体荣誉感。始终想老师之所想，急老师之所急，工作上要有服从意识和超前意识。思想上要有要求上进和敢于担当的精神。

观课议课有感

今天，市教研室来学校进行教学视导。学校所有历史教师一同观摩了姜爱霞老师的一节初三历史复习课。复习范围是初二历史上册第一单元《列强侵略和人民的反抗》部分。

姜老师制作了课件，对该部分内容进行了知识整合和梳理，构建了比较系统的知识体系，复习提纲具有高度的指导性。姜老师把复习巩固和拓展训练结合起来，提高了复习的效果。处理练习题也依据学生学习情况，做到了学生会的不讲。通过拓展训练，查缺补漏，及时矫正课堂（因为人民的抗争部分复习时间较短，发现学生掌握得不好，及时进行了补充复习）。另外，姜老师对学生如何审题、答题的方法进行了指导。

观课完毕，老师们针对该节课进行了高质量的点评。每位教师的评课都切中了问题，也提出了一些很好的建议。最后，青州市教研室历史教研员鲁科长就初三历史复习进行了指导。

学生熟知考试标准，根据考试标准对教材进行整合，重点内容重点复习，不考的知识点应大胆删去，干脆不去复习。要研究近5年潍坊中考试题，总结出题和答题规律，指导学生在训练中培养答题能力。能力是在实战中养成的，不是靠背诵老师总结的经验得来的。

历史教学应注重培养学生理性思维习惯。培养学生思考问题，不要人云亦云、没有自己的想法。学会搜集资料，在广泛占有资料的基础上对历史现象进行理性分析。

最后，鲁科长就教师专业发展谈了自己的一些建议。教师要多学习，多反思，把教师这份职业当作事业来做，不做教书匠，要做教育家。

参加完整个观课议课活动，我受益匪浅。老师们的精彩点评以及鲁科长的高屋建瓴的指导，给了我很大的启发。我会借鉴他们的宝贵经验，反思自己的历史教学，大力提高课堂教学效率和育人水平。

"学生作业负担过重问题" 课题研究报告

一、基本观点与主要结论

本课题主要研究学校从自身层面应对来自政府、社会、家长的多方面压力，从教师素质、课程体系、课堂教学模式、课堂教学手段、作业形式、行政手段等方面多途径研究解决学生作业负担过重问题的策路，切实减轻学生作业负担，把作业内容、形式、数量、质量、调控方式、行政管理等方面作为研究的重点。

学校通过课题研究，在理论和实践上解决学生作业负担过重问题，真正做到"把时间还给孩子""把健康还给孩子""把能力还给孩子"，走科学发展、持续发展的道路。

二、主要特色与创新之处

目标明确，思路清晰。课题组采用理论与实践相结合的方法，把学习理论作为行动研究的基础，边实践，边补充，边修改，边提高，根据学校实际，提出作业改革目标：作业改革要关注作业内容、作业布置方式和作业评价三个层面，要与素质教育内涵发展紧密联系。总体思路：控制总量，降低难度，优化设计，提高效率。

理念科学，操作性强。学校领导高度重视并参与课题的活动并给予指导，成立校长为组长的项目领导小组和项目科研小组。确定了作业改革的指导思想：减轻学生过重的作业负担，提高作业效率，促进学生健康成长。提出了项目遵循的基本原则：在坚持作业的有效性、科学性、层次性、发展性的同时，兼顾作业的自主性、开放性、多样性。

领导重视，研究力量强。课题主持人赵佃华，参与教育部基础教育课程课题实验"基础英语教学评价试验项目之课堂评价"，获优秀成果一等奖；参与山东省教育厅重大课题子课题"初中学生心理适应问题解决方法的实验与研究"并结题；主持潍坊市课题实验"英语主题资源网站建设"并结题，参与国家级课题"高效阅读与语文课程标准"并结题。研究团队有骨干教师和优秀教师，他们都具有扎实的理论底蕴、较强的教学能力和科研水平，有旺盛的精力和充足的时间投入研究工作。

三、突破性进展（理论上的新观点、实践中的新举措）

1. 课题组本着"先立后破，先实验后推广"的实验原则，通过有效的实验，总结研究的经验，形成指导方案，在全校推广。

2. 依据各学科标准中相关教学理念，本着"从教学中来，到教学中去"的基本研究思路，吸纳整合学科教学和教育评价两个领域的相关成果，确定了作业改革的指导思想，减轻学生过重的作业负担，提高作业效率，促进学生健康成长。将符合课改理念的，能促讲学生发展的作业评价的方式进行系统化和常规化。形成以我校教师日常教学实际为基础，与教师日常教学过程相融合，便于教师掌握和操作的，能促进学生发展和教师专业成长的作业常规模式。

四、主要研究举措

（一）充分准备，精心组织

1. 成立校长为组长的项目领导小组和项目科研小组。对科研人员加强培训和理论学习。

2. 由课题组拟订课题研究的总体方案并确定课题组成员名单。

（二）突出重点，分步实施

我们把课题实验分成三个阶段。

1. 初步研究、准备阶段（2009 年 6 月～2009 年 7 月）。

（1）成立课题研究小组，召开会议对课题进行设计，由组长和课题负责人一起带领全体课题组成员学习与本课题相关的教育理论，制订研究计划和实施方案。

（2）收集有关信息，并进行分析、归类，筛选出有价值的信息，从而更好地确定研究主题，使研究方向更加明确。

2. 试验阶段（2009 年 9 月～2010 年 6 月）。

对课题工作进行细化，责任到人，运用各种研究方法深入教学过程进行研究，做好实践的总结，资料的收集和整理工作，及时撰写成果报告和研究心得等。

3. 总结阶段（2010 年 6 月～2010 年 7 月）。

进行结题验收，对实验效果进行分析、评估，写出实验报告、工作报告，整理好相关资料（图片和音像资料），准备结题的有关工作。邀请有关专家进行结题。成果形式：课题研究报告、工作报告。充分利用研究成果指导学校工作。

（三）扎实研究，勇于实践

围绕制定好的计划和方案，我们课题组展开了扎实的研究工作。

1. 研究问预，对全校学生的作业情况开展专项调查。

2. 汇总与分析调查的结果，根据学校实际，提出作业改革目标。

作业改革的指导思想：减轻学生过重的作业负担，提高作业效率，促进学生健康成长。

总体思路：控制总量，降低难度，优化设计，提高效率。

基本原则：在坚持作业的有效性、科学性、层次性、发展性的同时，兼顾作业的自主性、开放性、多样性。

3. 广泛而深入地开展课题的深化研究，实施作业改革。

我们的作业改革关注作业内容、作业布置方式和作业评价三个层次，与素质教育内涵发展紧密联系。

（1）作业内容。

①学科作业。各学科教师根据学科学习的特点，着眼于学生学习能力和综合素质教育的提高，创新学科作业布置的内容，提倡布置无纸化作业。

②实践性、探究性作业。

丰富多彩的校园文化生活、社区生活、家庭生活是实现学生发展的重要平台，生活有多广，学习就有多广，作业也应如此。我们作业布置的内容拓展到学生活各个领域，指导学生高质量完成实践性、探究性作业。

（2）作业布置方式。

①统一规划与自主选择相结合。作业改革是项系统工程，学校统一规划和协调，作业布置要从单一走向多样，坚持层次性和多样性，根据学生发展的不同情况，建立作业的自主选择机制，给予学生选做各类作业的权利。

②知识学习与生活实践相结合。作为学生学习形式的延伸，作业的形式和内容应关注学以致用，关注知识与生活实践的密切结合，在实践性、探究性作业中让学生体会学习的乐趣。让学生在完成作业的过程中学会学习、学会做事、学会生活，促进学生综合素质发展。

③独立完成与小组合作相结合。基础巩固性作业可以要求学生独立完成，但对于实践性、探究性作业要倡导小组合作，提高学生合作意识，让学生学会博采他人之长，补己之短，增强学生自我发展、自我提高的能力。

④引入多元的作业布置主体。改革传统的教师出题学生做的方式，积极探索学生自主布置、相互布置、小组布置作业的可行性。结合各项社会实践活动的开展，也可以由家长、社区工作人员等作为作业布置的主体，由学校和教师负责检查、批改。

（3）作业评价。作业评价关系到作业布置的成效，我们采取多样的作业评价方式和方法，对学生的作业进行有效评价。

①制定作业标准。组织骨干教师研究制定高效作业标准，针对学生发展中的薄弱环节布置作业，减少作业量，提高作业效益。提倡学科作业布置与实践性、探究性作业布置相结合进行。提倡布置不同层次的作业适应不同层次学生的需要，充分尊重和发扬学生的个性特长。

②评价方式。作业评价可以采取学生自我评价、相互评价、教师评价、家长评价等多种方式，根据不同类型的作业采取不同的评价方式进行评价，也可采取多种方式进行评价。以教师评价为主，以鼓励评价为主。

③评价方法。作业评价不仅要关注作业完成的结果，还要关注学生完成作业的过程。学校针对作业特别是实践性和探究性作业的内容和特点，设计相应的评价工具，如调查问卷、过程记录表、评价表等，了解和把握学生做作业过程，增强作业评价的针对性和实效性。

④评价结果呈现与反馈。评价结果的呈现不仅仅是分数或等级，还要立足于学生发展，对学生作业中存在的共性问题和个性问题提出改进与完善的建议。评价结果的反馈既要反馈作业质量等级，也要反馈发展建议。反馈的形式根据作业的特点，可以是书面反馈，也可以是口头反馈。

五、研究成果

一年来，在青州市教科所领导关怀下，在全体课题细成员的努力下，我们顺利进行了课题研究的各项活动。我们对课题的研究不敢谈取得怎样成绩，但我们的作业布置与评价至少有了改进，确实减轻了学生的课业负担，符合新课改的理念，这与我们研究的宗旨和出发点是一样的。现总结如下。

1. 通过课题研究，参与本次课题研究的成员的科研能力、教学能力等都得到了长足的进步。通过学习和研究，实验教师的自身素质得到了很大提高，驾驭课堂的能力游刃有余。实验教师有多篇论文获奖。在研究中产生了许多精品课例、精彩论文，如赵佃华老师的《学生作业提质减负的研究》获青州市 2009

年小课题研究论文一等奖。参加研究的老师都有丰富的收获，不但成为教学能手，课改先锋，而且成绩斐然，为下一轮教改提供了借鉴，有力地推动了教学改革。学校也因为本次研究的效果良好，得到了潍坊市教科院领导的肯定和好评，被评为"潍坊市轻负担高质量先进学校"。

2. 作业改革初见成效，形成了一套有效的作业模式或方法。

（1）作业布置改革。突破学科教师布置作业的单一渠道，引导学科教师、班主任、社团指导教师、生活指导教师、各职能处室根据各自活动需要，布置相应作业，作业布置多元化。

（2）作业内容改革。各学科教师根据学科学习的特点，着眼于学生学习能力和综合素质教育的提高，创新学科作业布置的内容，提倡布置无纸化作业。丰富多彩的校园文化生活、社区生活、家庭生活也是实现学生发展的重要平台，作业布置的内容拓展到学生生活各个领域，指导学生高质量完成实践性、探究性作业。

（3）作业评价改革。构建多向评价体系，开展作业评价内容，使用欣赏评价机制。

3. 针对本次研究的实际效果，促使学校形成了一系列指导性的文件，如《学科作业高效标准（试行）》《实践性、探究性作业高效标准（试行)》。

4. 推动课堂教学改革，提高课堂效率。

"课堂高耗低效，课上损失课下补"是导致学生作业量居高不下的重要原因。推动课堂教学改革，建设自主、高效课堂是学生作业减负的有力保证。

5. 研究中，在对一些具体问题的解决办法上，我们还得到了一些新的认识成发现。

（1）学校建立监控、督办机制是解决问题的直接有效途径。

（2）提升教师的学科教学技能是解决问题的根本途径。

（3）让教师当学生体验"作业多""效果差"可以达成作业减负的共识。

（4）转换作业形式，让学生获得更大的自主发展。

六、存在的问题与今后的研究设想

提质减负是一个长期的工程。

学校一方面需要整合资源、搭建平台、组织研究，全力以赴地提高教师的"业务"能力，创建高效课堂；另一方面，带领教师研究学生，正视差异，分层施教，引导教师不断走向"服务育人"的教育。比如，作业上，学生有半小时完成、一小时完成、一个半小时完成的明显分歧。分散的作业时间说明了有学生"吃不饱"，有学生"吃不下"；"吃不饱"的说明可能会做重复劳动，"吃不下"的说明可能会负担过重，从而做有针对性的作业分层设计和批改反馈指导。

提质减负是一个复杂的系统工程。

一是要提高学生的认识。学习是学生的责任，过重的负担是其发展的阻力，而合理的负担是其身心健康发展的动力。"减负"减的是学生过重的课业负担，学校应抓"减负"。

二是要认清"减"与"加"是辩证的统一，要充分利用时间，加强对学生进行道德教育、法制教育、纪律教育和心理健康教育。

三是要加强教师队伍建设，师德与业务水平是提高教学质量、发展学生智力与能力及"减负"的基础。

四是"一门课程允许有一套课外读本"的规定，有关部门要组织审定，除实验课题外，未审查的不能发行或使用，优良的课外读物有利于教育质量的提高。

五是应切实搞好"第二课堂"，使校内外、课内外结合，让学生充实、生动、活泼、健康地成长，特别是要提高学生的实践能力。为此，少年宫、少年之家、儿童中心、体育场馆、科技馆、博物馆等应积极向中小学生开放，使其"学得其所"，起到"良师益友"的作用。

六是呼吁全社会都来关心和支持学生"减负"，做好学校、家庭、社会"三教一体化"抓好社会综合治理，整顿书摊、学校周边环境，安排好"黄金时间"的电视节目内容，做好家教的引导工作。

七、自我鉴定

自承担课题一年来，课题组召开课题开题会，制定实施方案、实施计划，课题组采用理论与实践相结合的方法，把学习理论作为行动研究的基础，边实践，边补充，边修改，边提高，并采取了以下措施进行试验与研究。

1. 成立校长为组长的项目领导小组和项目科研小组。对科研人员加强培训和理论学习。召开会议对课题进行设计，由组长和课题负责人一起带领全体课题组成员学习与本课题相关的教育理论，制定研究计划和实施方案。

2. 收集有关信息，并进行分析、归类、筛选出有价值的信息，从而更好地确定研究主题，使研究方向更加明确。

3. 研究问题，对全校学生的作业情况开展专项调查。

4. 汇总与分析调查的结果，根据学校实际，提出作业改革目标。

5. 围绕制定好的计划和方案，我们课题组展开了扎实的研究工作。

6. 关注作业内容、作业布置方式和作业评价三个层面，与素质教育内涵发展紧密联系。

7. 进行结题验收，对实验效果进行分析、评估，写出实验报告、工作报告，整理好相关资料（图片和音像资料），准备结题的有关工作。邀请有关专家进行结题。成果形式：课题研究报告、工作报告，充分利用研究成果指导学校工作。

（本文曾获 2009 年青州市优秀小课题征集评选获得一等奖并取得立项书，课题编号：2009XKT241，研究成果获青州市优秀科研成果一等奖）

后 记

从教 30 年来，我在初中思想政治教学的实践中不断学习探索，也在不断成长。

学习洋思中学"先学后教，当堂训练"教学模式，我把课堂还给了学生，通过自主学习和当堂训练，不同层次的学生都能在各自的起点上得到充分发展。我把课堂还给学生的同时，有了有更多的精力和时间用于组织教学，用于抓好落实，极大地提高了课堂教学效率。

学习杜郎口"三三六"自主高效课堂模式，我把学生科学合理分组，让学生进行分组比赛学习，把学生的自主与合作学习作为课堂的主题。课堂成了学生自主学习、充分展示自我的天地，大大提高了学生学习的积极主动性。我从"演员"变成了"导演"，更多起策划、组织作用，在课前、课中、课后为学生学习提供帮助。

在实践潍坊市教科院提出的构建自主、互助、学习型课堂的过程中，我更加明确了"三讲、三不讲""减少讲与听，增加说与做""删去无效环节，减少无效劳动"等教学原则。

我在实践小组合作学习中，让每一个学生在小组学习中都有事可做，都有表现自己的机会，都意识到自己是小组中不可缺少的一分子。学生成了小组学习的主人，发挥了主观能动性，有了更多自主学习、合作学习、探究学习的空间和时间，"兵教兵、兵练兵"，生生互动，学生的学习不再是教师"满堂灌"下的机械重复、简单记忆，而是亲身经历、发现、体验、探究的过程，不同层次的学生都有收获和发展。

在基于课程标准的"教学评一致性"教学改进活动中，我完成了从重点关注"教什么"和"怎么教"，向关注"为什么教"和"教到什么程度"的转变，在构建符合教育规律、体现时代特征、促进学生发展的教育教学生态上又前进了一步。

一个优秀的教师只具备较高的课堂驾驭能力是不够的，他同时还应是一位管理"大师"，要具备先进的管理经验，能够极大地调动学生学习的积极性，让每一个学生得到个性化发展。

　　我在班级管理实践中巧妙地利用班级日志引导学生参与班级自主管理，潜移默化地教育学生，实现了班级管理的自主化和民主化，学生自我管理能力提高了，从而有效地解决了班级管理中的一些难题。

　　引入积分管理班级后，我通过一系列学生个人和学习小组评价激励办法，让学生能长期地保持着"善于交流，勇于展示，敢于质疑，勇于争先"的积极状态。

　　作为学区和学校的家庭教育协调员，我努力搭建学校老师和家长之间沟通桥梁。我在班级管理工作中更是注重做好家校共育工作。让家长充当家长会的主角，当一回"教育专家"来介绍育子经验；家长会上特意留给家长消化吸收的时间，让家长们互相交流；把家长会开进学生家，解决部分学生的共性问题；举办家长沙龙，进行专题交流；家长会上使劲夸家长……家长教育孩子的能力增强了，我们的教育威力也就强大了！

　　今后，我将继续遵循教育教学规律和学生身心发展规律，优化教学方式，积极参与课后延时服务，注重培养学生的创新精神和实践能力，正确引导学生个性发展，努力实现学生负担轻，教学质量高，育人效果佳的目标。"轻负优质"的教育教学之路是无止境的，我会一直去追逐。